U0111840

大展好書　好書大展
品嘗好書　冠群可期

大展好書　好書大展

品嘗好書・冠群可期

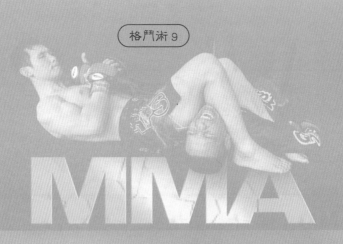

格鬥術 9

MMA 擂台纏鬥基礎

陶飛　編著

大展出版社有限公司

國家圖書館出版品預行編目資料

MMA擂台纏鬥基礎／陶　飛　編著　　——初版
——臺北市，大展出版社有限公司，2022〔民111.01〕
面；21公分——（格鬥術；9）
ISBN 978－986－346－346－7（平裝）
1. 武術
528.97　　　　　　　　　　　　　　110018635

MMA擂台纏鬥基礎

編 著 者／陶　　　飛
責任編輯／孔　令　良
發 行 人／蔡　森　明
出 版 者／大展出版社有限公司
社　　址／台北市北投區（石牌）致遠一路2段12巷1號
電　　話／（02）28236031 · 28236033 · 28233123
傳　　真／（02）28272069
郵政劃撥／01669551
網　　址／www.dah-jaan.com.tw
E - m a i l／service@dah-jaan.com.tw
登 記 證／局版臺業字第2171號
承 印 者／傳興印刷有限公司
裝　　訂／佳昇興業有限公司
排 版 者／弘益企業行
授 權 者／人民體育出版社
初版1刷／2022年（民111）1月

定　價／400元

作者簡介

陶飛，雲南省昆明市人。1998 年畢業於雲南師範大學英語專業，後於雲南民族大學進修泰國語及法學專業，並獲法學學士學位。曾在雲南民族大學、雲南師範大學、雲南經貿外事職業學院教授英語、泰國語及旅遊課程。

1996 年起，在《搏擊》雜誌發表格鬥及泰拳方面的系列文章，成為該刊《泰拳奧秘》專欄撰稿人。

1999 年擔任編導，拍攝了國內首部泰拳教學片。2009 年編著《泰拳運動入門》，由人民體育出版社出版發行。

前　言

　　MMA（Mixed Martial Arts）譯為混合式格鬥，是近年來發展較為迅速的一種對抗性較強的擂台競技格鬥運動。相比其他格鬥類比賽，MMA 比賽允許不同武術流派、不同技術特長的選手同台競技，對選手的綜合素質要求更高，而比賽所呈現的擂台格鬥技術也更為豐富多樣，具有更強的觀賞性，因而在世界各地都擁有眾多的愛好者。

　　自 2009 年拙著《泰拳運動入門》出版發行之後，應人民體育出版社孔令良先生之邀，為格鬥愛好者編寫一部易學易練的 MMA 基礎讀物，雖倍感榮幸，但也深知其難度非淺。

　　從理論上來說，只要不違反競賽規則，幾乎任何格鬥技術都可以在 MMA 比賽中使用，然而，把當今所有武術流派的所有格鬥技術囊括在一本書中逐一介紹，卻是難以做到的，因此本書僅介紹 MMA 比賽中最為基礎和常見的格鬥技術，旨在拋磚引玉，幫助格鬥愛好者踏上 MMA 運動之路。

　　為突出 MMA 概念中的「混合式」這一主題，本書將主要介紹近距離纏鬥的基礎技術，以及站立技術與地面技

術之間融合、過渡和轉換的常見方法。考慮到單純站立狀態下的拳、肘、膝、腿、摔等常見技術的基礎應用在其他格鬥類書籍中多有介紹，本書也就不再贅述。

本書的編寫得到人民體育出版社孔令良先生和廣州泰拳武術俱樂部總裁劉國其先生的鼓勵和支持，廣州泰拳武術俱樂部的陳昌傑先生還為本書拍攝了示範圖片。正是由於他們的鼓勵和幫助，本書的編寫工作才得以順利完成。在此向孔令良先生和劉國其先生、陳昌傑先生表示誠摯的感謝。

在本書的編寫過程中，筆者大量參閱了國外 MMA 專業選手的著作，力求多借鑑一些國際上一流選手的成熟經驗。但即便如此，一己之力畢竟有限，書中不足之處在所難免，懇請廣大讀者和專家批評、指正。

希望本書能夠增進讀者對 MMA 運動的瞭解，同時也祝願廣大 MMA 愛好者從這項運動中獲益。

陶 飛

目　錄

第一章　概　述

　　"MMA" 是英文 "Mixed Martial Arts" 的簡稱，中文譯為「混合式武術」或「混合式格鬥」，也被稱為「綜合格鬥」「綜合搏擊」等，是一種對抗性較強的擂台競技格鬥運動。

　　參賽者不限所習練的武術流派，遵循賽事主辦方制訂的統一規則進行比賽，可以在規則允許的範圍內使用包括中國武術、泰拳、柔術、柔道、摔跤、空手道、跆拳道、拳擊在內的各種格鬥技術。

第一節　當代 MMA 運動發展概況

　　武術起源於人類的生產和生活，並且隨著人類社會的發展而不斷發展和演變。武術產生之初，其主要用途是抵禦野獸和敵人的襲擊。隨著人類社會的演變和發展，經過不斷實踐，一些有效的格鬥技術得到整理和保留，逐漸形成了當今各種名稱的武術和流派。

　　武術是一種需要刻苦訓練的、實踐性較強的運動。在不同歷史文化背景和不同指導思想下產生的武術，技術方面各有側重，表現風格也有所差異。僅僅在中國，武術的門類就已經相當複雜，所呈現的技術風格也千差萬別。而中國之外的各種格鬥體系中，拳擊專攻拳法，巴西柔術以

降服技術見長，柔道以投摔技術和地面上位技術聞名，摔跤精於纏抱和壓制，跆拳道擅長腿法，而泰拳則以犀利的肘、膝技術和腿法倍受矚目。這種不同種類武術之間的差異激發了人們對武術進行更深入研究的熱情，也引發了一個被人們廣泛討論的話題。

比賽是在實踐中檢驗訓練成果和交流經驗的途徑。面對各種風格迥異的武術，人們一直在探討：不同武術流派、不同技術特長的武者同台競技，結果會怎樣？為了探求答案，不同武術流派的習練者之間不斷地進行著切磋和交流。

在古代，不同武術流派之間的比武交流，除了某些較危險的、違反道德的技術之外，比武者可以最大限度地發揮自己的技術風格和特長，因而可以說，當代 MMA 運動的實質，其實在古代比武中就已經存在了。或者說，古代的那些比武活動本身就是 MMA 比賽。

在當代，格鬥選手在擂台上採用的技術範圍，本質上是由比賽規則決定的。為了確保公平和參賽者的安全，各種對抗性武術比賽都會制定相應的競賽規則。散手、泰拳、柔道、拳擊、摔跤等都有各自的競賽規則。

然而，這些競賽規則都有較強的針對性，而針對某一種特定武術而制定的競賽規則，往往會限制或者禁止某些格鬥技術的使用。例如散手、泰拳和拳擊等比賽要求參賽者佩戴拳套，並且不允許攻擊倒地的對手，而現代柔道和摔跤比賽則不允許使用擊打技術。

在跨流派的比賽中，如果參賽者的技術特長恰好在規

則限制或者禁止的範圍內，那麼其競技能力就不能得到最大限度的發揮，比賽的公平性也就不能得到最大程度的體現。即便某些參賽者願意在技術特長受到限制的情況下進行比賽，比賽結果也往往備受爭議。因而在相當長的一段時期，競賽規則本身的這種偏限性，一直都是不同種類武術習練者之間進行公平競技的主要障礙。

不斷探索和實踐是人類的本能。人們的努力在 20 世紀末終於獲得了重要的進展。

1993 年 11 月 12 日，在美國科羅拉多州丹佛市舉行了首屆「終級格鬥冠軍賽」（The Ultimate Fighting Championship, UFC）。比賽在八邊形圍籠式拳台中進行，採用淘汰制，不分體重級別，不分比賽回合。比賽以「無規則、不計分、不計時」作為宣傳口號，但不允許攻擊襠部，也不允許戳眼睛，不允許牙咬。

當晚參加比賽的 8 名選手分別來自美國、巴西等地，所習練的武術類型各不相同。經過數輪淘汰賽，來自巴西里約熱內盧、時年 26 歲的柔術冠軍霍伊斯‧格雷西（Royce Gracie）贏得了最終勝利，並獲得了 5 萬美元的獎金（圖 1-1）。

當晚的比賽獲得了電視轉播，之後被製作成影片公開發行，於是這種現代格鬥比賽形式迅速地傳播到了世界各地。

最初，這類讓不同武術流派的選手同台競技的格鬥比賽並沒有統一的稱謂，人們只是從表象描述的角度稱其為「無限制格鬥」（No Holds Barred)或「全接觸式格鬥」

圖 1-1

（Full Contact. Fighting or Full Contact Combat）等。而
「MMA」這一術語，據說是由曾經獲得 1984 年奧運會古
典式摔跤冠軍的傑夫・布拉特尼克（Jeff Blatnick）提出
的。

傑夫・布拉特尼克曾經擔任第 4 屆至第 32 屆「終級
格鬥冠軍賽」的解說及評論員。在解說中，傑夫・布拉
特尼克感到人們此前使用的各種稱謂並不能準確地體現這
類格鬥比賽的內涵，於是首先使用了「MMA」的提法來
稱呼這類比賽。

隨著「終級格鬥冠軍賽」及其他同類賽事的推廣和發
展，「MMA」的稱謂得到了大眾的認可，並成為描述這
類格鬥比賽的通用詞彙，而「終級格鬥冠軍賽」則被視為
當代 MMA 運動興起的開端。

當代 MMA 運動在美國興起之始，為了最大限度地貼
近現實生活中的格鬥，相關賽事並不區分體重級別，不分

比賽回合，也未對選手使用的技術進行太多的限制，甚至也不要求選手佩戴拳套。這樣激烈的比賽形式引起了部分觀眾的反感。來自亞利桑那州的參議員約翰·麥凱恩（John McCain，曾參加 2008 年美國總統競選）觀看了「終級格鬥冠軍賽」影片後，就曾稱之為「人體鬥雞」，並致信給美國各州州長，提議禁止該項賽事。

為了保護選手，讓比賽更為人性化，更容易被大眾接受，同時也為了適應法律規定，「終級格鬥冠軍賽」主辦方委派傑夫·布拉特尼克等人創編了競賽規則，並逐步將一些限制性的規定應用於比賽中。

2000 年 4 月，加利佛尼亞州體育委員會投票認可了一系列 MMA 比賽規則。同年 9 月，紐澤西州體育管理委員會開始採用該規則，允許推廣人在紐澤西境內舉辦 MMA 賽事。

2001 年 4 月，紐澤西州體育管理委員會舉行了會議，就 MMA 賽事的規則進行了討論。最終，與會各方就一系列 MMA 賽事規則達成了共識。這次會議上通過的規則，此後便成為北美地區職業 MMA 賽事的事實上的標準規則。

2009 年 7 月，在拳擊委員會協會（Association of Boxing Commission，簡稱 ABC）年度會議上，「MMA 統一規則」（Unified Rules of Mixed Martial Arts）的提案獲得了一致通過。

MMA 統一規則的確立，標誌著 MMA 正式成為一項正規的、為大眾所接受的體育運動，客觀上對 MMA 運動的

繼續存在和蓬勃發展起到了重要的保障作用。

　　自首屆「終級格鬥冠軍賽」舉辦以來，世界範圍內相繼出現了各種名稱的 MMA 賽事。經過數年的發展，MMA 已經成為一種較為成熟的體育運動，在北美、歐洲、亞洲、澳洲均擁有眾多愛好者。各類 MMA 賽事吸引著越來越多的觀眾，舉辦規模也日趨擴大。

　　作為一種體育賽事，MMA 興起於美國，但 MMA 的核心競賽概念卻早在華人武術家李小龍的武術理論中就已經出現。李小龍所提倡的摒棄門派之見、廣泛吸納各種實用技術的武術思想，在當代 MMA 運動中得到了極大程度的體現。「終級格鬥冠軍賽」主席達納・懷特（Dana Whitee）也曾在紀錄片《李小龍怎樣改變了世界》（How Bruce Lee Changed The World）中稱李小龍為「MMA 之父」。

　　在中國，MMA 運動也已經開展數年，廣州泰拳武術俱樂部、上海銳武公司等多家機構已經數次舉辦過 MMA 賽事，愛好者群體日益壯大。隨著 MMA 運動的蓬勃發展，這項運動很有希望成為擂台格鬥運動的主流，為中外武術的交流提供更廣闊的平台。

第二節　國內外 MMA 賽事簡介

一、終級格鬥冠軍賽

作為當代 MMA 運動興起的開端，自 1993 年首次舉辦

以來，「終級格鬥冠軍賽」一直都是最重要的 MMA 賽事。

「終級格鬥冠軍賽」目前由祖發有限責任公司（Zuffa, LLC）運營。該機構總部位於拉斯維加斯，並在倫敦、多倫多和北京設有辦事處。

「終級格鬥冠軍賽」每年舉辦超過 20 次比賽，均採用「MMA 統一規則」。賽事不僅在美國，也會在其他國家和地區舉辦，因而也彙聚了世界上名列前茅的諸多優秀選手。

2011 年，「終級格鬥冠軍賽」主辦方同福克斯體育媒體集團（FOX Sports Media Group）達成了長達 7 年的轉播協定，由此成為廣受關注的主流賽事。

二、K-O 籠鬥賽

「K-O 籠鬥賽」是由廣州泰拳武術俱樂部主辦的 MMA 賽事。該賽事提倡「公平、公正、公開」，參賽選手可以使用拳、肘、膝、腿、摔、纏、鎖、絞以及擒拿、反關節等技術進行對抗，比賽結果以擊倒、棄權、平局三種方式判定勝負。

「K-O 籠鬥賽」允許來自拳擊、散打、泰拳、跆拳道、柔道、摔跤等項目的選手參加比賽，讓中國傳統武術高手能在平等、公開的環境下與國外選手同台競技，藉此弘揚中華武術，振興民族精神。

2008 年，「K-O」成為受法律保護的註冊商標，而「K-O 籠鬥賽」也成為擁有中國自主智慧財產權的品牌賽事。

三、銳武終極格鬥聯賽

「銳武終極格鬥聯賽」是由加拿大商人喬瑞克（Joel Resnick）和素瑞斯奇(Saul Rajsky)共同創立的 MMA 賽事，目前由國家體育總局武術運動管理中心與銳武公司聯合主辦。其推廣機構銳武公司總部位於上海，是得到中國大陸相關部門認可的 MMA 推廣機構。

首屆「銳武終極格鬥聯賽」於 2011 年 8 月 27 日在上海旗忠森林體育城網球中心舉行。2013 年 2 月 2 日，「銳武百萬爭霸賽」在內蒙古呼和浩特舉行，比賽決出了 57 公斤級、61 公斤級、66 公斤級、70 公斤級、93 公斤級共 5 個級別的全國冠軍，對 MMA 運動在國內的推廣和發展起到了積極的作用。

「銳武終極格鬥聯賽」允許來自世界各地的選手參加比賽（外籍參賽選手需持有中國工作許可證），所用規則以「MMA 統一規則」為核心。主辦方定期從北美邀請獲 得 C.O.M.M.A.N.D.（Certification of Officials for Mixed Martial Arts National Development，即「MMA 國家推廣裁判證書」）認證的裁判擔任裁判員，以確保賽事在公正性和選手的安全等方面達到較高的水準。

第二章　站立對抗技術

　　作為一種擂台競技格鬥運動，MMA 比賽的初衷是讓不同武術流派、具備不同技術風格和特長的選手公平競技，因而從原則上來說，只要不違反比賽規則，不違背體育精神和道德，任何格鬥技術都可以使用。

　　隨著各類 MMA 賽事的發展，參賽選手的技術水準也在不斷提高。在不斷地實踐中，人們深刻地體會到，要想在 MMA 比賽中獲取優勢，僅憑藉單一風格的格鬥技術是遠遠不夠的。除了自己的特長技術之外，選手還需要瞭解和學習對手擅長的技術，這樣才能充實自己的技術體系，為面對不同技術風格的對手做好準備。因此，「技術全面」是對 MMA 選手的最基本要求。

　　然而，要想把現存所有武術流派的所有格鬥技術囊括在一本書中逐一介紹基本上是做不到的，因此，本書僅介紹 MMA 比賽中最為基礎和常見的擂台技術，旨在拋磚引玉，幫助初學格鬥者踏上 MMA 運動之路。而對於站立姿勢下的拳、肘、膝、腿、摔等常見技術的基礎應用，由於其他格鬥類書籍中多有介紹，本章也就不再贅述。

　　值得一提的是，儘管我們可以不斷地學習各種不同的格鬥技術，但更重要的是經由刻苦的練習，把不同類型的

格鬥技術融合在一起，形成適合自己的技術體系，這樣才能在 MMA 比賽中從容應對瞬息多變的場上形勢。

第一節　警戒勢

格鬥通常是以警戒姿勢開始的。由於指導思想的差異，不同的武術流派對於警戒勢有不同的要求，有的警戒勢有利於發揮擊打技術，而有的警戒勢則是為了摔倒對手做準備。

在 MMA 擂台上，警戒勢也並非一成不變。面對擅長擊打技術的對手和面對擅長摔法的對手，所需要的技術自然是不同的。

有利於發揮技術特長，並能夠適應比賽形勢變化的警戒勢，才是 MMA 擂台上理想的警戒勢。

許多 MMA 選手習慣於把協調性最好、力量最強的一側作為後側。如果習慣使用右手和右腿，他們就採用左前式警戒勢，為右手和右腿提供更大的空間，從而使攻擊力量最大化。而有的選手則喜歡把較為靈活的一側作為前側。如果右手較為靈活，他們會採用右前式警戒勢，以便實施抓、拿、扭、摔等技術。作為 MMA 選手，應該盡可能地做到左右開弓，熟練地應用左前勢和右前勢發動攻擊，令對手防不勝防。

通常而言，MMA 比賽中常見的警戒勢可以劃分為以下幾種類型。

一、站立式警戒勢

多數格鬥比賽都是從站立姿勢開始的,所以站立式警戒勢是 MMA 選手必須掌握的基本技術。

以左前勢為例,兩腳分開站立,然後左腳按照平時走路的習慣向前踏出一步,使兩腳橫向距離大致與肩部同寬,左腳與正前方呈大致 30° 夾角,左膝關節略微彎曲內扣,右膝關節略微向外側自然彎曲。髖部和軀幹沿順時針方向側轉,使左肩朝向前方。兩手抬至面部高度,略微收下頜,左手在前警戒,右手保護下頜部位。肘關節自然內收,保護肋部(圖 2-1、圖 2-1 附圖)。

MMA 比賽過程中的不確定性,使得選手很難做到始終保持完美的警戒勢,但有幾個原則必須始終遵守:**兩腳橫向距離大致與肩部同寬,避免兩腿交叉,膝關節略微彎曲,雙手保持抬起,並始終保持身體的平衡,保持放鬆。**

圖 2-1

圖 2-1 附圖

二、半蹲式警戒勢

在 MMA 比賽中，如果打算摔倒對手，或者需要對付對手的摔法進攻，我們就可以考慮採用半蹲式的警戒勢。

在站立式警戒勢的基礎上，只需要進一步彎曲膝關節，垂直下蹲，降低重心，就可以形成半蹲式警戒勢（圖2-2、圖 2-2 附圖）。

需要注意的是，頭部和腿脛應該大致在一條垂直線上，上體避免過度前傾，否則不僅會妨礙做動作，而且頭部也容易遭到對手攻擊。雖然處於半蹲的姿勢，但也要保持身體的平衡和靈活性以便發動進攻，並隨時準備恢復為站立姿勢。

在某些情況下，半蹲式警戒勢可以用作佯攻的手段，使對手誤以為我方要實施摔法，而當對手降低重心準備應對可能的摔法時，我們則立即恢復站立姿勢，用拳法或者

圖 2-2

圖 2-2 附圖

腿法等技術發動攻擊。當然，只要經過刻苦的練習，我們也可以直接在半蹲的姿勢下出其不意地實施攻擊。

三、對抗地面對手時的警戒勢

與其他許多格鬥類比賽不同的是，MMA 比賽允許站立的一方攻擊倒地的對手。雖然站立的一方相對來說有更多選擇，但倒地的一方仍然有可能對站立的一方構成威脅。因此，向地面對手發動攻擊時，我們也應該採取適當的警戒姿勢。

以左前勢為例，左腳朝向對手，左膝關節彎曲並適當繃緊，這樣可以防止被對手蹬踢膝關節時造成反關節損傷。上體和頭部略微後傾，防止被對手踢中面部。伸展左臂，左手掌外翻，以便格擋，也便於抓握對手腿部實施控制技術（圖 2-3、圖 2-3 附圖）。

圖 2-3　　　　　　　　　圖 2-3 附圖

第二節　基礎纏抱技術

在不違背體育精神和道德的前提下，**MMA** 比賽規則並不限制參賽選手的技術風格或者特長，所以參賽選手可以選擇自始至終都僅使用拳、肘、膝、腿等擊打技術，與對手保持一定距離進行對抗。但是在 MMA 比賽過程中，場上形勢的變化是無從預料的，何況 MMA 擂台上向來不乏善於貼身纏鬥的選手，因此，為了在對抗中盡可能地獲取優勢，我們有必要掌握常見的纏抱技術。

纏抱技術具有進攻和防守的雙重特性。一方面，我們可以透過纏抱技術來尋求機會打擊對手或者摔倒對手。而另一方面，我們也可以把纏抱技術作為阻礙對手攻擊並伺機反擊的手段。

在雙方貼身纏抱的情況下，太過放鬆的身體顯然不能抵擋住對手的纏抱，而如果身體過度緊張導致僵硬，則又不利於隨機應變。所以，要想在纏抱的狀態下與對手抗衡，我們必須勤於練習，使身體各部位做到張馳有度，這樣才有可能在 MMA 擂台上實現戰術目的。

一、上體纏抱練習

上體纏抱是 MMA 擂台上較為常見的纏抱動作。經歷過摔跤或者柔術之類訓練的選手善於透過纏抱尋求機會，用兩臂抱住對手上體實施摔法。

上體纏抱練習的目的，便是鍛鍊用兩手穿過對手腋下抱住對手，從而獲取內圍優勢的能力。

①開始練習時，雙方不分進攻方或防守方，採取對等姿勢，用左手從對手（著深色服裝者）腋下抱住對手（圖2-4、圖2-4附圖）。

圖 2-4

圖 2-4 附圖

②展開右手掌，伸進我方胸部與對手左臂之間的空隙，用力從對手肘彎處把對手左臂撐開（圖 2-5）。

圖 2-5

③右手繼續向前伸到對手背後抱住對手（圖 2-6）；與此同時，對手也用同樣方法抱住我方，這樣一來，雙方都從一開始的左手纏抱轉為右手纏抱。

完成右手的纏抱動作之後，即可參照先前右手的動作，用左手把對手右臂撐開，重新轉為左手纏抱，恢復初始姿勢。

圖 2-6

二、上體纏抱的應對方法

如果對手兩臂從我腋下抱住我上體，那麼很可能隨即把我抬起來摔向地面。要想避免對手得逞，我可以採取以下方法來應對。

①開始練習時，先讓對手用兩臂從腋下抱住我上體（圖 2-7）。

圖 2-7

②當對手抱住我上體時，我迅速用兩手把對手頭部向後推開，阻止對手繼續發力（圖 2-8）。

圖 2-8

③對手頭部被推開以後，我低頭頂住對手頭部，同時髖部向後縮，降低重心，用右手把對手髖部向後推開，迫使對手鬆開兩臂（圖 2-9）。

④左手穿過對手腋下抱住對手，恢復到雙方相互纏抱的均等對抗姿勢（圖 2-10）。

圖 2-9　　　　　　　　圖 2-10

三、頸部纏抱練習

頸部纏抱是接受過泰拳訓練的選手擅長的技術。這類選手如果找到機會抱住對手頭部或者頸部，隨即便會用膝法攻擊對手。而頸部纏抱練習的目的，便是鍛鍊用兩手撐開對手兩臂之間的空隙並抱住對手頸部，從而奪取內圍主動權的能力。

①開始練習時，先讓對手用兩手抱住我頸部（圖 2-11）。

②右手撐開對手兩臂之間的空隙，伸向其頸部後側（圖 2-12）。

圖 2-11　　　　　　　　　　圖 2-12

③左手也穿過對手兩臂之間的空隙，伸向其頸部後側（圖 2-13、圖 2-14）。

圖 2-13

圖 2-14

④兩手到達位置後，抱住對手後頸用力往回拉，奪回內圍主動權（圖 2-15）。

圖 2-15

四、頸部纏抱的解脫方法

如果被對手抱住頸部或者頭部，而我們又不打算與其進行內圍對抗，那麼可以透過以下方法來擺脫對手的纏抱。

圖 2-16

①當對手（沒穿上衣者）抱住我們頭部或者頸部並向下拽時，我方（穿深色上衣者）迅速把左臂抬到對手肩部高度，並用左前臂橫向抵住對手面部，使其頭部向左扭轉（圖 2-16）。

這樣可以干擾對手的纏抱動作，並使自己與對手身體之間形成一定間隔，便於實施下一個動作。

②右手穿過對手兩臂之間的空隙，用右手掌撐住左前臂。兩臂同時用力伸直向前推，使對手頭部向後仰，迫使對手鬆手（圖 2-17）。

圖 2-17

③對手鬆開兩手以後，可以繼續撐住對手肩部，防止其再度纏抱我頸部或者頭部（圖2-18）。

圖2-18

④解除對手的纏抱之後，我即可恢復站立式警戒勢（圖2-19）。

圖2-19

五、頸部纏抱轉為背後纏抱

在雙方體力相當的情況下，要想在頸部纏抱中獲取明顯優勢是很不容易的。這時，我們可以轉換策略，從頸部纏抱的僵持狀態下解脫出來，並繞到對手身後用其他技術控制對手。

①以雙方相互纏抱頸部的姿勢開始，我方（穿深色上衣者）可以先放低右手，準備解脫對手的纏抱（圖 2-20、圖 2-21）。

②彎曲右臂，抵住對手左臂肘關節，用力把對手左臂向上頂開（圖 2-22、圖 2-23）。

圖 2-20

圖 2-21

圖 2-22

圖 2-23

③頂開對手左臂以後，左手把對手頭部往逆時針方向拉，準備繞到對手身後（圖2-24）。

圖 2-24

④左手繼續控制住對手頭部，右腳踏向對手身後，右臂從對手身後抱住對手（圖2-25、圖2-26）。

圖 2-25

圖 2-26

⑤左手轉移到對手身體下方，配合右臂纏抱對手，同時利用體重把對手向下壓（圖 2-27）。完成這個步驟，就可以準備運用背後控制技術了。

圖 2-27

六、肩部纏抱的解脫方法

在 MMA 擂台上，纏抱技術的表現形式多種多樣。在近距離對抗中，有時候對手會用手臂鈎住我某一側的肩部或者上臂，試圖阻礙我的進攻或者防守動作。遇到這種情況，可以採用以下方法來解脫。

①當對手用左臂鈎住我（沒有穿上衣者）右側肩部或者上臂時，我可以用左手撐住對手右肩（圖 2-28、圖 2-28 附圖）。

圖 2-28　　　　　　　　　圖 2-28 附圖

②伸展右臂，把右臂抬到對手左側肩部和頸部之間的位置（圖 2-29、圖 2-29 附圖）。

圖 2-29　　　　　　　　　圖 2-29 附圖

③放鬆右臂並迅速回抽，恢復到站立式警戒勢（圖 2-30、圖 2-30 附圖）。

圖 2-30　　　　　　　圖 2-30 附圖

第三節　纏抱時的攻擊技術

為了在 MMA 擂台上爭取主動權，我們需要不斷地充實自己的技術體系，讓自己在比賽的各個環節都能最大限度地發揮優勢。因而不論是否偏好在纏抱狀態下進行對抗，我們都應該學習和掌握相應的攻擊技術。

一、頭部纏抱時的拳法攻擊

在近距離對抗的過程中，一些選手會瞄準時機，用一隻手摟住對手頭部或者頸部後側，另一隻手用勾拳打擊對手面部。「終級格鬥冠軍賽」名人堂成員蘭迪・考圖爾（Randy Couture）便是運用這種方法的好手。運用這種技術的同時，也應該留意對手的動作，因為對手這時也有機會用同樣的方法攻擊我。

①以雙方相互纏抱的姿勢開始，當我（沒有穿上衣者）用左手摟住對手頭部或者頸部後側的時候，立即彎曲右臂，準備用上勾拳進行攻擊（圖2-31）。

圖2-31

②左手把對手頭部向下拽，右手穿過對手內圍，用上勾拳打擊對手下頜（圖2-32）。

③實施上勾拳後，收回右手，準備繼續攻擊對手（圖2-33）。

圖2-32

圖2-33

④左手繼續摟住
對手頭部或者頸部，
右手從對手外側用平
勾拳打擊對手頭部
（圖 2-34）。

圖 2-34

二、頭部纏抱時的肘法攻擊

　　纏抱住對手頭部時，不僅可以用拳打擊對手，如果有
條件的話，還可以用肘進行攻擊。

①以纏抱對手頭
部的姿勢開始，控制
住對手頭部以後，一
旦有條件，立即騰出
右手，做好肘擊的準
備（圖 2-35）。

圖 2-35

②左手摟住對手頭
部往回拉，同時轉動右
肩，用右肘打擊對手頭
部左側（圖 2-36）。

圖 2-36

③完成攻擊動作
以後，立即恢復纏抱對
手頭部的姿勢，防止對
手掙脫（圖 2-37）。

圖 2-37

三、連擊拳轉為頭部纏抱加膝法攻擊

　　在近距離對抗時，如果抓住機會向對手面部發動連續
的拳法攻擊，那麼對手往往只得抬起兩臂保護面部，難於
出手還擊。在這種情況下，我們可以趁勢摟抱住對手頭部
或者頸部，用膝法實施進一步攻擊。

①以左前勢為例，在近距離對抗的狀態下，可以先用左刺拳加右直拳的組合方式攻擊對手面部，使對手把注意力集中到防守正前方的攻擊上（圖 2-38、圖 2-39）。

圖 2-38　　　　　　　　　　　　圖 2-39

②對手注意力被吸引到正前方以後，我們可以出其不意地用左平勾拳繼續攻擊對手頭部，使對手的注意力完全放在防守拳法攻擊上（圖 2-40）。

圖 2-40

③左手完成攻擊後不需收回，而是直接摟住對手頭部後側，右手隨即也伸到對手頭部，並且抱住左手（圖2-41）。

④兩手肘部同時收緊，抱住對手頭部向下拽，同時提起右膝攻擊對手面部（圖2-42）。

圖 2-41　　　　　　　　　圖 2-42

四、上體纏抱轉為頭部纏抱加膝法攻擊

在雙方相互纏抱對方上體的狀態下，為了獲取內圍優勢實施抱摔技術，對手往往會忽略對頭部的防護，這就讓我們有機會抱住對手的頭部進行膝法攻擊。

①以雙方相互纏抱對方上體的姿勢開始，我用右手穿過對手腋下抱住對手上體，而對手試圖用左手撐開我右臂肘彎奪取內圍優勢（圖2-43、圖2-44）。

圖 2-43　　　　　　　　　　圖 2-44

②當對手的注意力集中在撐開我右臂的時候，我趁機用左手摟住對手頭部後側（圖 2-45）。

③左手就位的同時，右手也立即伸向對手頭部，並抱緊左手（圖 2-46）。需要注意的是，兩臂肘部應該迅速收緊，並且相互靠攏，這樣能夠防止對手掙脫。

圖 2-45　　　　　　　　　　圖 2-46

④兩手抱住對手頭部向下拽，同時右腳後撤一步，準備用膝攻擊對手（圖 2-47）。

圖 2-47

圖 2-48

⑤髖部向前挺，提起右膝攻擊對手面部（圖 2-48）。

五、頸部控制加膝法攻擊

　　從正面鎖住對手頸部是一項極具控制效果的技術，對手在這種情況下很難掙脫，這就為我實施膝法創造了極佳的條件。

①以單手纏抱對手頭部的姿勢開始，當我方（穿上衣者）用左手摟住對手頭部或者頸部後側以後，立即將對手頭部向下壓低（圖 2-49、圖 2-50）。

圖 2-49 圖 2-50

②對手頭部被壓低的同時，我迅速彎曲右臂，從對手下頜方勒住其頸部，並把對手頭部引向我胸部中央（圖 2-51）。

圖 2-51

　　③左手轉移到對手右臂外側抓住對手右臂，防止對手從側面掙脫，同時頭部貼向對手肩部，並利用體重把對手身體向下壓低。右腳後撤一步，準備用膝攻擊對手（圖2-52）。

圖 2-52

　　④左手與右手配合，把對手頭部用力拉近，同時以右膝攻擊對手頭部（圖 2-53）。

圖 2-53

⑤完成膝擊之後，收回右腿並站穩，然後把對手身體向下壓，繼續掌握主動權（圖 2-54）。

圖 2-54

六、上體纏抱時的肘法攻擊

透過上體纏抱的練習，我們可以體會到，在上體纏抱的過程中奪取內圍優勢並非易事，因為雙方機會是均等的。當我們努力撐開對手手臂的時候，對手也可以用同樣的方法來應對。正因為如此，在雙方切換纏抱動作的過程中，我們有時候還需要施以其他方法，例如肘法來削弱對手。在成功打擊對手的情況下，我們再爭取內圍優勢就會容易許多。

①以雙方相互纏抱對方上體的姿勢開始，對手（穿深色上衣者）用左手抱住我上體，我準備用右手撐開對手左臂（圖 2-55）。

圖 2-55

②在撐開對手左臂的同時，以右肘攻擊對手面部左側
（圖 2-56、圖 2-56 附圖）。需要注意的是，撐開對手左
臂的同時，對手也會以同樣的方法試圖撐開我的左臂。而
為了撐開我的左臂，對手的頭部往往會向左側傾斜以便騰
出空間，這樣正好增強了我們肘擊的效果。

圖 2-56

圖 2-56 附圖

圖 2-57

③擊中目標以後，右臂直接滑進對手左臂內側，並穿過對手腋下抱住對手上體，繼續爭奪內圍優勢（圖 2-57）。

七、上體纏抱時的膝法攻擊

在雙方切換纏抱動作的時候，除了肘法以外，我們還可以使用膝法來攻擊對手，為爭奪內圍優勢助力。

①以左側在前纏抱對手上體的姿勢開始，對手用左手抱住我上體，我可以用右手撐開對手左臂（圖 2-58）。

圖 2-58

　　②撐開對手左臂以後，身體微向左傾斜，提起右膝攻擊對手左側肋部（圖 2-59）。

　　③完成攻擊以後，右腳順勢前踏，形成右側在前纏抱對手上體的姿勢（圖 2-60）。

圖 2-59

圖 2-60

　　④參照先前右手的動作，用左手撐開對手右臂（圖 2-61）。

圖 2-61

⑤撐開對手右臂以後，立即用左膝攻擊對手右側肋部（圖 2-62）。

⑥完成攻擊以後，左腳順勢前踏，恢復為左側在前纏抱對手上體的姿勢（圖 2-63）。

圖 2-62　　　　　　　　　圖 2-63

第四節　用於進攻的摔法

首屆「終級格鬥冠軍賽」舉辦之前，許多人認為應用拳、肘、膝、腿等技術擊倒對手才是展現優勢的最佳途徑，因而忽視了摔法和地面技術的訓練。但自從代表巴西柔術參賽的霍伊斯 · 格雷西（Royce Gracie）獲得勝利之後，人們對摔法和地面技術在實戰中威力的看法發生了極大的轉變。

擅長摔法和地面技術，在「終級格鬥冠軍賽」中同樣

有著優秀表現的肯・謝姆洛克（Ken Shamrock）後來甚至還被稱為「世界上最危險的人」。

隨著 MMA 運動的推廣，許多原來以擊打技術見長的選手，也開始在訓練計畫中加入了柔術和摔跤的內容。摔法和地面技術已經成為 MMA 擂台技術的重要組成部分，而許多 MMA 選手也正是憑藉精湛的摔法和地面技術贏得了比賽的勝利。

由於摔法在 MMA 擂台上成為常見技術，且摔法本身的可預見性相對較大，不少選手經過訓練後都能對摔法採取有效的反擊，因而要想成功地實施摔法，往往還需要擊打技術的配合。有經驗的選手能夠把擊打技術和摔法相融合，透過拳法等技術創造條件並隱藏真實意圖，然後成功地實施摔法。

一、雙腿抱摔

雖然不同的武術流派基於各自的技術體系發展出了各種摔倒對手的技術，但是在 MMA 擂台上，或許是出於效率的考慮，相對來說較易掌握和實施的抱腿摔法卻是眾多選手的首選，因此本節首先介紹這類摔法的應用技術。

需要注意的是，在散手、泰拳那樣的比賽中，對手倒地後就不允許繼續攻擊，但 MMA 比賽規則允許使用地面控制技術，所以實施抱腿摔法的同時，還需要為進一步採取地面控制技術做好準備。

①以站立式警戒勢開始，身體下潛，形成半蹲警戒勢，準備接近對手（圖 2-64、圖 2-65）。

圖 2-64 圖 2-65

②右腳蹬地，身體前衝，左腳迅速踏在對手兩腿之間，進入對手內圍，兩手保持警戒姿勢，防備對手攻擊（圖 2-66）。

③頭部貼近對手身體左側，兩手摟住對手膝關節後側（圖 2-67）。需要注意的是，頭部在接觸對方身體之

圖 2-66 圖 2-67

前，不要急於伸出雙手去抱對手腿部，因為那樣會過早暴
露出頭部，容易遭到對手反擊。

④身體繼續前衝，右
腳順勢前踏，同時調整
重心和身體姿態，使右肩
位於右腳正上方（圖2-
68）。注意上體不能過度
前傾，否則會影響後續動
作。

圖 2-68

⑤右腿撐地，身體向左用力側傾，左手撐住對手右
腿，用右手把對手左腿抬離地面，使對手摔倒（圖2-
69、圖2-70）。

圖 2-69

圖 2-70

⑥順時針轉動身體到對手側面，避開對手腿部的牽制，利用體重從側面壓制住對手（圖 2-71）。

圖 2-71

⑦收回右手，使右手位於對手右側，以防對手強行翻轉（圖 2-72）。完成這一步，就可以準備實施地面控制技術了。

圖 2-72

二、刺拳配合雙腿抱摔

有經驗的格鬥選手能夠由觀察對手的動作來判斷對手的進攻意圖。因此，要想成功地實施雙腿抱摔，有時還需要先由佯攻來干擾對手的判斷。

刺拳是一項基本拳法，多用於干擾對手，或者試探距離。在 MMA 比賽中，我們可以先用刺拳進行佯攻，使對手產生誤判，然後再切入對手內圍實施摔法。

①以左前勢為例，在接近對手的同時，用左刺拳佯攻對手（圖 2-73、圖 2-74），出拳時下頜內收，右手保護面部。

圖 2-73

圖 2-74

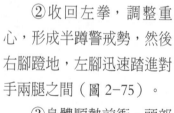

②收回左拳，調整重心，形成半蹲警戒勢，然後右腳蹬地，左腳迅速踏進對手兩腿之間（圖2-75）。

③身體順勢前衝，頭部貼近對手身體左側，兩手摟住對手膝關節後側，之後就可以按照普通雙腿抱摔的方法摔倒對手了（圖2-76、圖2-77）。

圖 2-75

圖 2-76

圖 2-77

三、直拳配合雙腿抱摔

對於習慣左側在前的選手來說，用右手直拳來配合雙腿抱摔難度會相對大一些，因為如果對手被直拳擊中，往往會向後撤，雙方距離就會增大，故而增加了實施雙腿抱

摔的難度。雖然如此，MMA 賽場上形勢的變化是無從預料的，多掌握一種技術，就多一些獲勝的機會。

①以站立式警戒勢開始，逆時針轉動肩部，用右直拳攻擊對手頭部（圖 2-78、圖 2-79）。

圖 2-78

圖 2-79

②出拳之後，右腳向前踏出一小步，身體順勢接近對手（圖 2-80）。由右腳的短距離移動，不但可以接近對手，還可以就此調整身體重心。

圖 2-80

③右腳一旦接觸地面，左腳立即踏進對手兩腿之間，兩手摟住對手膝關節後側，之後，就可以按照普通雙腿抱摔的方法摔倒對手（圖 2-81、圖 2-82）。

圖 2-81　　　　　　　　　　　　圖 2-82

四、平勾拳配合雙腿抱摔

平勾拳本身就是一項頗具威力且不易防守的技術。如果把平勾拳與雙腿抱摔相融合，那麼面對兩種幾乎同時發生的攻擊技術，對手將更加難以防守。

①以左前勢為例，順時針轉身，準備出左平勾拳（圖 2-83）。

②順時針轉身，實施左平勾拳（圖 2-84），出拳時右手保持警戒姿勢，身體重心順勢前移，準備實施抱腿摔。

③身體下潛，左腳迅速踏在對手兩腿之間，切近對手內圍。右手仍然保持警戒姿勢（圖 2-85）。

圖 2-83　　　　　　　　　　　圖 2-84

圖 2-85　　　　　　　　　　　圖 2-86

　　④上身貼近對手，兩手摟住對手膝關節後側（圖 2-86）。

　　⑤重心前移，右腳順勢前踏，同時調整重心和身體姿態，準備摔倒對手（圖 2-87）。

圖 2-87   圖 2-88

⑥左腳向左側移步，右腿撐地，把重心移向身體左側。與此同時，頭部緊靠對手身體左側，把對手左腿抬離地面（圖 2-88）。

⑦摔倒對手之後，迅速轉動身體到對手側面，避開對手腿部的牽制，為實施側面壓制技術做好準備（圖 2-89）。

圖 2-89

五、單腿抱摔

在雙腿抱摔技術中，我們是用右手把對手左腿抬離地面。這是因為一般情況下，右手相對左手更為有力，而左腿相對右腿力量較弱。

但是如果遇到習慣右側在前的對手，其左腿距離我們較遠，要想摟抱則會相當困難。在這種情況下，我們就可以考慮使用單腿抱摔技術了。

與雙腿抱摔相比，單腿抱摔的技術動作有兩處區別：我們踏近對手時，腳的落點在對手前腿外側，而不是兩腿之間；頭部需要貼近對手身體內圍，而不是身體側面。

①以站立式警戒勢開始，身體下潛，左腳踏向對手右腳外側（圖 2-90、圖 2-91）。

圖 2-90

圖 2-91

②右腿撐地，身體前衝，頭部貼近對手胸部，兩手摟住對手右腿，並握緊雙手（圖2-92）。

圖2-92

③略微彎曲膝關節，使重心後移，同時轉動肘部，把對手右腿抬離地面（圖2-93）。

圖2-93

④頭部緊靠對手，身體沿逆時針方向發力，利用左腿把對手絆倒（圖 2-94）。

圖 2-94

⑤摔倒對手之後，迅速調整姿勢，使身體位於對手上方，為實施地面控制技術做好準備（圖 2-95）。

圖 2-95

六、擺拳配合單腿抱摔

　　擺拳是一項動作慣性較大的技術。遇到習慣右側在前的對手，我們可以藉助擺拳產生的慣性接近對手，隨即實施單腿抱摔。

圖 2-96

　　①以左前勢為例，右腳前掌蹬地，藉助蹬地的動力逆時針轉身，用右擺拳攻擊對手下頜部（圖 2-96、圖 2-97）。出拳時彎曲左腿膝關節，左側肩部略微放低，以便實施抱腿摔。

圖 2-97

　　②出拳之後，右腳向前踏出一小步以便調整重心，頭部貼近對手胸部，左手摟住對手右腿（圖 2-98）。

圖 2-98　　　　　　　　　　圖 2-99

③右腳踏近對手，兩手環抱對手右腿，並抬離地面（圖 2-99）。

④左腳迅速踏在對手右腿後側，之後就可以按照普通單腿抱摔的方法摔倒對手了（圖 2-100、圖 2-101）。

圖 2-100　　　　　　　　　　圖 2-101

七、直拳加平勾拳配合單腿抱摔

平勾拳配合單腿抱摔的實戰應用類似平勾拳配合雙腿抱摔。實戰中，我們可以先用直拳佯攻，轉移對手注意力，然後再用平勾拳配合單腿抱摔。

①以左前勢為例，接近對手，用右直拳攻擊對手面部（圖 2-102）。

圖 2-102

②收回右拳的同時，順時針轉動髖部和肩部，用左平勾拳攻擊對手，身體重心順勢略微前移，準備實施抱腿摔（圖 2-103）。

圖 2-103

③右腳踏近對手，兩手環抱對手右腿，並握緊雙手，避免滑脫（圖 2-104）。

圖 2-104

④左腳迅速踏在對手右腿後側，之後就可以按照普通單腿抱摔的方法摔倒對手了（圖 2-105、圖 2-106）。

圖 2-105

圖 2-106

第五節　用於反擊的摔法

在 MMA 擂台上，摔法不僅可以用於進攻，而且如果運用得當，甚至可以成為扭轉場上形勢的反擊手段。

面對對手的拳法或者腿法進攻，雖然可以採取格擋的方法來進行防守，但是格擋並不能完全避免受傷，也不能阻止對手發動後續攻擊，所以更為妥當的策略是避開進攻，並搶在對手重新進攻前進行反擊。當我們成功地避開對手的拳法或者腿法攻擊時，就可以根據實際情況實施摔法，轉守為攻。

不論是打算用摔法還是用其他技術來實施反擊，避開對手攻擊的時候需要控制動作幅度，只要讓對手的攻擊落空便可，不必遠離對手，以免錯過反擊時機。另外，防守和反擊的動作應該一氣呵成，力求攻守合一。

一、雙腿抱摔反擊刺拳

刺拳通常由距離目標較近的前手實施，完成動作所需的時間比後手直拳短，所以需要多加練習，才能掌握好閃避刺拳的恰當時機。

①以左前勢為例，當對手出左刺拳進攻時，我們可以向對手左側閃避。身體略微下潛，把重心轉移到右腳（圖2-107、圖 2-108）。之所以向對手左側閃避，是因為這樣可以使對手難以使用右手或者右腿進行反擊。

圖 2-107

圖 2-108

②右腿撐地，上身貼近對手，兩手從外側摟住對手腿部（圖 2-109）。

③右腳向前踏近對手，準備實施摔法（圖 2-110）。需要注意的是，這時我們的頭部正好位於對手左臂下方，為了盡可能地避免被對手摟住頸部實施反制，必須快速過

圖 2-109

圖 2-110

渡到下一個動作。

　　④左腳前踏，隨即右腿撐地，身體向左用力側傾。按照雙腿抱摔的技術，用右手把對手左腿抬離地面，使對手倒地（圖2-111、圖2-112）。

圖2-111　　　　　　　　　圖2-112

　　⑤盡力把對手壓在地面，使身體位於對手上方，為實施地面控制技術做好準備（圖2-113）。

圖2-113

二、抱腰摔反擊右直拳

刺拳加直拳的組合技術在 MMA 擂台上較為常見。對手出刺拳得手後，往往會用直拳加強打擊效果。從反擊的角度來看，即使我們被對手的刺拳擊中，錯過用摔法反擊刺拳的時機，面對接踵而來的直拳，仍然有機會用摔法來扭轉場上形勢。

①以左前勢為例，當對手用右直拳進攻時，我們可以逆時針扭轉肩部和髖部，向對手右側閃避（圖 2–114、圖 2–115）。

圖 2–114

圖 2–115

圖 2-116

②避開對手直拳的瞬間，右腿撐地，上身順勢貼近對手右側，兩手準備抱住對手腰部（圖 2-116）。

③右腳前踏，兩手抱住對手腰部，兩手在對手身後扣緊（圖 2-117）。需要注意的是，兩臂應該位於對手肋部和髖部之間相對較柔軟的區域，這樣可以摟抱得更緊，避免對手掙脫。

④左腳順勢踏向對手右腳外側，並藉助體重破壞對手的平衡，使對手倒向地面（圖 2-118）。

圖 2-117

圖 2-118

⑤摔倒對手的同時，右腳跨過對手身體，以便搶佔騎乘位置（圖 2-119）。

圖 2-119

⑥兩手繼續抱緊對手，奪取騎乘位置（圖 2-120）。完成這一步後就可以根據對手的反應，進行騎乘位攻擊，或者從對手身後實施控制技術。

圖 2-120

三、雙腿抱摔反擊左直拳

如果遇到習慣右側在前的對手，而我們是採取主動進攻的策略，那麼可以用單腿抱摔的技術來摔倒對手。但如果對手先使用左直拳進攻，那麼除了使用單腿抱摔之外，我們還可以考慮使用雙腿抱摔技術來進行反擊，因為對手出左直拳時會暴露左側髖部，這就讓我們有機會接近其左腿並實施雙腿抱摔。

①以左前勢為例，當右側在前的對手（個高者）用左直拳進攻時，我可以順時針轉動髖部和肩部，向對手左側閃避，身體略微下潛，把重心放在右腳（圖 2-121、圖 2-122）。

②避開對手直拳的同時，右腳蹬地，上身順勢貼近對手左側，兩手摟住對手膝關節後側（圖 2-123）。

圖 2-121

圖 2-122

圖 2-123

③右腳踏向對手左腿外側，準備實施摔法（圖 2-124）。

④左腳踏向對手右腿外側，同時右腿撐地，身體向左用力側傾，把對手左腿抬離地面（圖 2-125）。

圖 2-124

圖 2-125

⑤摔倒對手之後，迅速調整姿勢，把對手壓在地面，為進一步攻擊做好準備（圖 2-126）。

圖 2-126

四、抱腰摔反擊掃踢

掃踢是 MMA 擂台上較為常見的腿法。精於掃踢的對手，往往會對我們造成很大的威脅，但如果我們能夠搶在對手剛起腿時接近對手，那麼就可以削弱對手的踢擊力量，並有機會實施摔法，所以用摔法反擊掃踢的關鍵在於時機的把握。

①以左前勢為例，當對手轉動髖部，準備用右掃踢進攻時，可以降低重心，左腳迅速前踏，接近對手（圖 2-127、圖 2-128）。

②切近對手內圍的同時，頭部緊靠對手身體右側，左手迅速抱住對手右腿（圖 2-129）。這樣不僅阻截了對手的踢擊，而且也控制住了對手的平衡，有助於實施摔法。

③阻截對手的踢擊以後，兩手抱住對手腰部，並在對手身後扣緊。右腳踏向對手左腿外側，準備摔倒對手（圖2-130）。

圖 2-127

圖 2-128

圖 2-129

圖 2-130

④身體向右用力側傾，使對手失去平衡倒向地面（圖2-131）。

⑤摔倒對手之後，兩手繼續抱緊對手，以防對手翻轉反擊（圖2-132）。

圖 2-131　　　　　　　　圖 2-132

五、接腿摔反擊掃踢

面對掃踢的進攻，我們並不是每次都能夠及時地避開，也不是每次都有機會切近對手內圍實施抱摔技術。在這種情況下，如果想要以摔法來扭轉場上形勢，我們就可以考慮運用接腿摔的技術。

使用接腿摔的時候需要儘量避免暴露動作意圖。如果對手發現每次起腿時我們都會使用接腿摔，那麼很可能會利用我們的動作習慣，先用低位掃踢佯攻，誘使我們把兩手放低，然後再用拳法或者腿法攻擊我們的上體目標。

①以左前勢為例，當察覺對手準備用右掃踢進攻時，我立即向對手胸部伸出右手，以便破壞對手的平衡，削弱其踢擊的力量。左臂做好接腿的準備（圖 2-133、圖 2-134）。

圖 2-133

圖 2-134

②右手撐住對手胸部，左臂從外側鉤住對手右腿（圖2-135、圖 2-136）。之所以撐住對手胸部，是因為這樣不僅可以干擾對手發力，減弱其踢擊的力量，還有助於摔倒對手。

圖 2-135　　　　　　　　圖 2-136

③右腳向前上步接近對手，右手撐住對手胸部向前推（圖 2-137）。

圖 2-137

④右腳一旦站穩，立即用左腿掃踢對手左腿，使對手倒地（圖 2-138、圖 2-139）。需要注意的是，對手向後倒地時，仍然需要鈎緊其右腿，以便發動進一步攻擊。

圖 2-138

圖 2-139

與本章介紹的其他幾種摔法不同的是，在接腿摔技術動作的最後環節，我們有機會對下一步的攻擊方式進行選擇。如果想要把比賽由站立對抗轉為地面對抗，我們可以在對手倒地以後繼續鈎住對手右腿，並實施鎖技等地面控制技術；而如果並不急於摔倒對手，或者想要繼續以站立姿勢比賽，我們則可以在鈎住對手右腿的同時，用拳、肘、膝、腿等技術發動攻擊。

第六節　纏抱狀態下的摔法

如同其他許多格鬥類比賽一樣，在 MMA 比賽中，貼身纏抱的情況並不少見。許多經歷過摔跤、泰拳甚至拳擊訓練的選手都懂得如何由纏抱來制約對手，進而利用纏抱向對手發動近距離攻擊。

當比賽進入纏抱的狀態，我們不僅可以用拳、肘、膝等技術來打擊對手，還可以運用摔法來爭取主動。

一、抱腰摔

在雙方纏抱的情況下，抱腰摔法是一項既簡單又有效的技術，不僅可以把對手摔倒在地，而且也便於我們搶佔有利位置實施側面壓制技術。

①在纏抱的過程中，兩手勒住對手腰部並在對手身後扣緊（圖 2-140、圖 2-140 附圖）。

圖 2-140　　　　　　　圖 2-140 附圖

　　②右腳踏向對手左腿外側靠後的位置，以便阻擋對手移動左腳調整平衡（圖 2-141）。

圖 2-141

　　③順時針用力轉動身體，將對手向後摔倒（圖 2-142、圖 2-142 附圖）。

圖 2-142

圖 2-142 附圖

圖 2-143

④在對手倒地時，我立即調整姿勢，把對手壓在地面，並實施側面壓制技術（圖2-143、圖 2-143 附圖）。

圖 2-143 附圖

二、抱膝摔

和對手纏抱在一起時，我們需要提防頭部被對手壓低，因為那樣容易遭到膝法攻擊。然而從反擊的角度來說，對手用膝法攻擊的時候，我們可以趁機用手臂鉤住其膝關節，將對手摔倒。

①在纏抱的過程中，如果對手抬起左膝準備攻擊我面部，我可以趁機用右臂鉤住其膝關節，並挺直身體，避免被對手擊中（圖 2-144、圖 2-145）。

圖 2-144　　　　　　　　圖 2-145

②右腳向前上步支撐重心，並挺直身體，右臂用力向上抬起對手左腿，同時用左腿掃踢對手右腿，使對手兩腿都離開地面（圖 2-146）。

③繼續抬高對手左腿，使對手上體偏向側面，失去平衡（圖 2-147）。

圖 2-146

圖 2-147

④身體前撲，把對手摔倒在地（圖 2-148）。需要注意的是，摔倒對手的同時，應該順勢把對手壓在身下，而且不能放開對手右腿，以便實施地面控制技術。

圖 2-148

三、頭部纏抱轉為雙腿抱摔

在貼身纏抱的情況下，如果有機會抱住對手的頭部，我們可以把對手頭部拽低，然後用膝法攻擊對手面部。但

是如果對手頸部和背部力量較強，能夠對抗我們的下拽動作，那麼我們可以改變策略，轉而使用摔法，使對手猝不及防。

①當我抱住對手頭部向下拽，而對手用力挺直上體進行對抗時，我可以突然鬆開雙手。對手頭部和上體會由於來不及應對而向後仰（圖 2-149、圖 2-150）。

圖 2-149　　　　　　　　圖 2-150

②在對手頭部和上體後仰的同時，我立即降低重心貼近對手，兩手摟住對手膝關節後側（圖 2-151）。

圖 2-151

③右腳向前踏出，身體順勢向前衝（圖2-152）。

④身體繼續前衝，把對手撲倒在地，並壓在其身上，為實施地面控制技術做好準備（圖2-153）。

圖 2-152

圖 2-153

四、抱腰摔反擊頭部纏抱

在 MMA 擂台上，常常會遇到接受過泰拳訓練的選手。這類選手擅長纏抱技術，往往能夠找到機會抱住對手頭部或者頸部向下拽，並用膝法攻擊對手面部。

如果我們被這樣的對手抱住頭部，那麼可以嘗試用手撐開對手兩臂並抱住對手頸部，奪回內圍主動權，也可以運用摔法來反制對手。

①當對手抱住我頭部或者頸部準備向下拽時，我可以用力挺直身體並略微下潛，同時伸出兩手準備抱住對手腰部（圖 2-154、圖 2-155）。

圖 2-154

圖 2-155

②右腳蹬地，身體前衝，迅速貼近對手，並抱住對手腰部（圖 2-156、圖 2-157）。

圖 2-156

圖 2-157

③勒緊對手腰部的同時，右腳踏向對手左腿外側，並順時針轉動身體（圖 2-158、圖 2-159）。

圖 2-158

圖 2-159

圖 2-160

④轉動身體的同時，頭部頂住對手，兩手用力收緊，使對手失去平衡倒向地面（圖 2-160）。

⑤對手倒地之後，我仍然需要抱住對手腰部，防止對手翻轉反擊（圖 2-161）。

圖 2-161

第七節 反擊摔法的技術

不管是擅長擊打技術還是擅長擒拿和摔法，任何選手都不願意在 MMA 擂台上被對手摔倒。

對於側重擊打技術的選手，倒地以後，拳法和腿法的發揮會受到極大的限制。即使擅長擒拿和摔法，如果被對手摔倒，要想奪回優勢也極為不易，何況還有可能被對手騎在身上用拳、肘攻擊。因此，MMA 選手不僅需要具備勇於拼搏的進攻意識，同時也需要懂得如何對摔法進行反擊，轉被動為主動。

要想對摔法進行反擊，需要具備良好的洞察力，這樣才能夠根據對手的動作適時而動。通常情況下，當對手身體突然下潛時，很有可能就是為實施摔法做準備。這時，我們同樣可以降低重心，形成半蹲警戒勢，並密切觀察對手的動作。如果對手用摔法進攻，我們就可以運用相應的技術進行反擊。而如果對手放棄使用摔法，轉而用拳法等擊打技術進攻，我們也能夠及時調整姿勢從容應對。

一、側推反擊抱腿摔

當對手衝過來準備實施抱腿摔法的時候，最基本的應對方法就是把對手推開。如果對手屢次嘗試用摔法進攻都被推開，那麼其鬥志可能就會受挫，進攻節奏也會受到影響。

①以左前勢為例，當對手（個高者）接近我內圍，身體下潛，準備使用抱腿摔法時，我迅速伸出兩臂抵住其左側頸部和肩部（圖2-162、圖2-163）。

圖2-162

圖2-163

②左腳後撤，故意讓出空間，使對手向前衝擊的力量落空（圖 2-164）。

圖 2-164

③順時針方向轉體，同時用力把對手向側面推開（圖 2-165）。

圖 2-165

二、側推加膝擊反擊抱腿摔

對手接近我們準備實施抱腿摔法的時候，我們不僅可以把對手向側面推開，而且如果時機掌握得當，還可以趁對手失去平衡之際，用膝攻擊其頭部。

①以左前勢為例，當對手身體下潛，準備使用抱腿摔法時，我迅速伸手抵住其左側頸部和肩部（圖 2-166、圖 2-167）。

圖 2-166　　　　　　　　　　圖 2-167

②左手按住對手頭部，左腳後撤一步，同時順時針方向轉體，把對手推往側面（圖 2-168）。

③在對手失去平衡時，即可用膝攻擊其頭部（圖 2-169）。對手被擊中之後往往會暫時呆住，我便可以根據需要繼續擊打對手，也可以就此摔倒對手，然後實施地面控制技術。

圖 2-168

圖 2-169

三、展體壓反擊抱腿摔

所謂展體壓，即伸展身體，利用體重把對手壓在地面的技術動作，是 MMA 比賽中用於對付摔法的常見技術。運用展體壓時，需要伸展身體，分開兩腿，並儘量使髖部平貼地面（圖 2-170）。

這種姿勢便於我們盡可能利用體重壓在對手身上，同

圖 2-170

時也有利於保持穩固的下壓姿勢，防止對手掙脫。

在近距離對抗的時候，如果對手出拳之後身體突然下潛並實施摔法，我們不一定每次都能及時而有效地做出反應避開進攻。遇到這種情況，就可以運用展體壓來牽制對手，並奪回主動權。

①以左前勢為例，對手出左刺拳後身體突然下潛，準備實施抱腿摔法。這時我方（穿上衣者）需要立即降低重心，並放低雙手準備應對（圖 2-171）。

圖 2-171

②上體壓向對手背部，左臂鉤住對手左側肩關節，左腿向後伸直，並繃直腳背。伸開右腿，使髖部得以平貼地面，或者儘量貼近地面（圖 2-172）。完成這個步驟，基本上就消除了對手的摔法威脅。

之所以需要伸直左腿並繃直腳背，是因為這樣有助於保持穩定的姿勢。即使對手此時用力想把我頂開，我只會向後滑動，而不至於直接被對手掀翻。

圖 2-172

③用展體壓控制住對手以後，我們可以就此在地面發動攻擊。但如果想要重新恢復為站立姿勢繼續比賽，那麼可以用膝部支撐，使身體離開地面（圖 2-173）。起身的

圖 2-173

同時，左臂仍然需要鉤住對手肩關節，以防對手趁機再次嘗試實施摔法。

④收回左腿，用腳掌站穩，兩手按住對手左側肩部，保持對對手的牽制（圖2-174）。

圖 2-174

⑤把對手推開，同時站起身，恢復站立警戒勢（圖2-175、圖2-176）。

圖 2-175

圖 2-176

四、頸部鎖絞反擊雙腿抱摔

當對手突然下潛準備實施雙腿抱摔的時候，如果我們沒有能夠及時避開進攻，而對手已經進入我內圍，那麼可以考慮使用頸部鎖絞的技術來進行反擊。如果運用得當，不僅可以有效地反擊對手的摔法進攻，甚至可能就此獲取勝利。

①以左前勢為例，當對手（個高者）已經進入我內圍並準備實施抱雙腿摔，而我未能及時避開時，我可以立即彎曲右臂，把右手伸到對手下頜下方，並藉助對手向前衝的慣性，將其頭部引導到我腹部中央（圖 2-177）。

圖 2-177

②彎曲左臂鈎住對手頸部，用左手抱住右手，並用右手腕關節的突出部位頂住對手咽喉（圖 2-178、圖 2-178 附圖）。

圖 2-178

圖 2-178 附圖

圖 2-179

③左腳後撤一步，挺直身體，用腹部抵住對手頭部，兩手勒住對手頸部用力向上提（圖 2-179）。在這種情況下，為了避免窒息的危險，對手往往只得認輸，因而頸部鎖絞也是一項有效的降服技術。

五、「斷頭台」反擊雙腿抱摔

「斷頭台」是一項以鎖絞對手頸部來降服對手的技術，因其動作過程讓人聯想起西方用斷頭台行刑時的情形

而得名。

　　從技術角度來看，「斷頭台」可以視為地面狀態的頸部鎖絞，而頸部鎖絞也即是站立式的「斷頭台」。與站立姿勢下的頸部鎖絞不同的是，「斷頭台」技術需要我們向後倒地，並用兩腿夾住對手上體，從而保護好自己，防止對手掙脫。

　　需要注意的是，雖然「斷頭台」和頸部鎖絞可以幫助我們降服對手，但是這兩項技術都是反擊技術，而不是主動進攻技術，需要時機出現才能實施。

　　①以左前勢為例，當對手突破防守進入我內圍準備實施抱雙腿摔，而我來不及避開時，可以放低兩手，準備把對手頭部引向我身體左側（圖2-180）。

　　②對手頭部偏到我左側之後，我迅速用左臂鈎緊對手頭部，右腳踏向對手左腿外側，以便我倒地之後用兩腿夾住對手上體（圖2-181）。

圖2-180　　　　　　　　　　圖2-181

③降低重心，向後坐倒在地面，右手也鈎住對手頸部，並握緊左手；分開兩腿，準備用腿夾住對手上體（圖2-182）。需要注意的是，右手不能鈎住對手左臂，否則容易被對手掙脫。

圖 2-182

④兩臂勒緊對手頸部，兩腳鈎緊；兩腿夾住對手腰部向下用力，上體向右扭轉（圖 2-183）。這種動作使對手的身體被向兩端拉扯，可以使對手難以忍受而認輸。

圖 2-183

六、膝擊加上勾拳反擊單腿抱摔

相對而言，反擊單腿抱摔比反擊雙腿抱摔容易一些，因為對手的目標只是我們的一條腿，這就讓我們可以用另外一條腿保持站立姿勢並實施反擊。

當對手實施單腿抱摔的時候，我們可以運用膝法進行反擊。如果時機掌握恰當，甚至有可能一擊獲勝。不過有的對手抗擊打能力較強，即使遭到膝擊也會繼續抱住我們的腿。遇到這種情況，我們可以轉用拳法攻擊對手面部，使對手放棄摔法進攻。

①以左前勢為例，當對手身體下潛，準備接近我實施單腿抱摔時，我可以立即提起左膝，攻擊對手面部目標（圖2-184）。出擊時髖關節向前挺，這樣可以增強打擊效果。

②雖然對手遭到膝擊，但是仍然用兩手抱住我左腿，進一步向我接近，準備實施摔法（圖 2-185）。

圖 2-184　　　　　　　　圖 2-185

③為了避免被摔到，我可以用右腳站穩，上體向右側轉，準備用右拳反擊（圖 2-186）。需要注意的是，左腿必須繃緊，並且使小腿位於對手兩腿之間，這樣可以增加對手實施摔法的難度，避免被對手抬高左腿而摔倒。

④保持平衡的同時，左手控制住對手頭部，右手用上勾拳反覆打擊對手右眼眶（圖 2-187）。之所以需要打擊

圖 2-186　　　　　　　　圖 2-187

對手右眼眶，是因為如果打擊對手左眼眶，對手可以向右
扭頭避開攻擊。

　　⑤對手在我們的重複打擊之下往往會放鬆雙手，這時
我迅速讓頭部靠向對手頭部左側，左腿用力下壓，踩向地
面，同時兩手分別抓穩對手兩隻上臂，防止對手出拳（圖
2-188）。

圖 2-188　　　　　　　　圖 2-189

⑥左腿掙脫對手，同時兩手用力把對手推開（圖2-189）。之後，就可以重新組織進攻了。

七、頸部鎖絞反擊單腿抱摔

頸部鎖絞不僅可以用來反擊雙腿抱摔，而且也可以用來對付單腿抱摔。當對手抱住我腿部時，只要能夠鎖住對手頸部，對手將無法完成摔法，甚至可能就此落敗。

①當被對手抱住左腿時，我方（穿上衣者）應該搶在對手發力之前，把左腿擺動到對手右腿外側，同時用右手按住對手頭部，將其頭部引導到我腹部中央（圖2-190、圖2-191）。

圖2-190　　　　　　　　圖2-191

②右腳站穩，彎曲左臂，把左手伸到對手下頜下方，然後彎曲右臂，用右手抱住左手腕關節的突出部位（圖2-192、圖2-192附圖）。完成之後，立即藉助體重把對手頭部往地面方向壓，同時左腳用力踩向地面。

圖 2-192

圖 2-192 附圖

圖 2-193

③左腿掙脫對手並站穩，同時，用腹部抵住對手頭部，用左手腕關節的突出部位頂住對手咽喉，兩手勒住對手頸部用力向上提，迫使對手認輸（圖 2-193）。

第八節　對地面對手的攻擊技術

在 MMA 比賽中，對手倒地的原因多種多樣。同時，基於不同的戰術目標，對付地面對手的方法也不少。如果

希望繼續以站立姿勢與對手對抗，我們可以遠離倒地的對手，待其恢復站立姿勢後再繼續比賽。

另外也可以先設法接近對手，再繼續發動進攻。

一、接近地面對手的方法

相對而言，接近背部貼地的對手並不算十分困難。不過，倒地的對手往往會抬起兩腿連續蹬踢，試圖阻止我接近。在這種情況下，如果不加防範地接近對手，腿部或者膝關節就會有被踢傷的危險。所以，接近地面對手的時候，同樣需要講究技巧。

①以左前勢為例，地面對手抬腿朝我蹬踢，為了避免被踢傷，我可以先用左腳向對手接近一步（圖 2-194）。

圖 2-194

②左腳接近對手以後，立即提起左膝，準備踏向對手（圖 2-195）。以這種姿勢接近對手，可以避免膝關節被踢傷。

圖 2-195

③左腳踏向對手兩腿之間，頭部略微後仰，防止遭到對手蹬踢（圖 2-196）。

圖 2-196

④進到對手內圍之後，立即放低兩手抓住對手踝關節，這時就可以準備實施進一步攻擊了（圖 2-197、圖 2-197 附圖）。

圖 2-197　　　　　　　　圖 2-197 附圖

二、面部踩踏

面部踩踏可以重創倒地的對手，但是由於踩踏對手面部時，需要把腿伸展到距離對手較近的位置，如果對手擅長擒拿技術，即使受到攻擊，也會盡力抓住我腿部伺機反擊，所以踩踏對手面部以後，我們還需要迅速轉身，以便順利收腿，確保安全。

①從抓握地面對手踝關節的姿勢開始，提起右膝，準備實施踩踏（圖2-198、圖 2-199）。

圖 2-198

圖 2-199

圖 2-200

圖 2-201

圖 2-202

②髖部前挺,伸展右腿踩踏對手面部（圖 2-200）。

③完成踩踏以後,為了避免被對手趁機抓住腿部,我們可迅速沿逆時針方向轉體（圖 2-201）。

④轉體之後,右腿繼續撐住對手面部,以便藉助反作用力迅速收腿,防止被對手抓住腿部（圖 2-202）。

⑤迅速收回右腿，並恢復對抗地面對手的警戒姿勢（圖 2-203、圖 2-204）。

圖 2-203

圖 3-204

三、腹部踩踏

雖然各類 MMA 賽事的規則大致相同，但有的 MMA 比賽不允許用腳踩踏倒地對手的頭部或者面部。如果在這種規則下進行比賽，那麼控制住地面對手的腿部之後，我們可以用腹部踩踏代替面部踩踏。

①從抓握地面對手踝關節的姿勢開始，分開對手兩腿，提起右膝，準備實施踩踏（圖 2-205、圖 2-206）。

②伸展右腿，踩踏對手腹部（圖 2-207）。

③完成踩踏以後，迅速收回右腿，準備繼續發動攻擊（圖 2-208）。

圖 2-205

圖 2-206

圖 2-207

圖 2-208

四、腿部掃踢

踢擊地面對手的腿部雖然不至於因此獲取勝利，但是對手腿部遭到重擊後，其腿部技術的發揮就會受到影響。

①以右手抓握對手左腳踝關節的情況為例，我們可以把對手左腳抬高，然後用右腿掃踢對手大腿部位（圖2-209、圖2-210）。

圖 2-209

圖 2-210

②完成踢擊以後，迅速收回右腿，尋求下一個攻擊機會（圖2-211）。

圖 2-211

五、頭部掃踢

一些對手在倒地以後會用一隻手把上體撐離地面，並伸出另一隻手用於格擋。在這種情況下，我們可以抓住對手伸出的那隻手，然後向其頭部施以掃踢。

①從對手倒地的狀態開始，我可以接近對手，並用右手抓住其伸出的左手（圖 2-212、圖 2-213）。這樣不僅可以轉移對手的注意力，也可以防止對手格擋。

圖 2-212

圖 2-213

②趁對手尚未正確做出防守時，我立即用左腿掃踢其頭部（圖 2-214）。之所以用左腿而非右腿實施掃踢，是因為這時對手用右手支撐身體，用左腿掃踢可以讓對手難以防範。

圖 2-214

六、下擊拳攻擊轉為側面壓制

對手倒地以後，我不僅可以用腿法，而且也可以用拳法進行攻擊。由於拳法的有效攻擊範圍比腿法短，所以往往需要俯下身體才能擊中地面目標。

雖然這樣容易遭到對手反擊，但這也有利於我們迅速轉為地面壓制的狀態。

①從抓握對手踝關節的姿勢開始，我先把對手兩腿向我左側擺動（圖 2-215、圖 2-216）。需要注意的是，我的真實意圖是把對手兩腿甩向我右側。

圖 2-215

圖 2-216

②為了對抗擺動，對手往往會使兩腿向其左側用力，試圖掙脫，這時我們即可藉助對手的力量，將對手右腿搭在左腿上，把對手兩腿甩向我右側（圖 2-217）。之所以要使對手右腿搭在左腿上，是因為這樣容易使對手身體轉

圖 2-217

圖 2-218

向側面，便於我發動攻擊。

　　③在對手身體轉向側面時，我迅速收回右手準備出拳，並用左手抵住對手右手，防止對手格擋（圖 2-218）。

　　④彎曲左腿膝關節，俯下身體，並藉助身體下俯的力量以右拳攻擊對手面部（圖 2-219）。

圖 2-219

⑤完成攻擊以後，立即從側面壓制住對手，準備實施地面控制技術（圖 2-220）。

圖 2-220

七、下擊拳反擊鎖踝轉為地面壓制

對於地面對手來說，鎖踝技術可能是其用來降服站立對手的唯一選擇。當我們踩踏對手面部或者腹部時，如果對手反應迅速，很可能趁機用兩腿鉤住我們腿部，繼而實施鎖踝技術。遇到這種情況，我們可以掰開對手腿部，用拳法進行反擊，隨即轉為地面壓制的狀態。

①從對手背部貼地的狀態開始，對手找到機會把右腿伸進我兩腿之間，然後彎曲右腿鉤住我左腿，準備實施鎖踝技術（圖 2-221）。

圖 2-221

②為了避免被對手鎖住踝關節，我可以用左手握住對手腳跟，準備掰開對手右腿（圖 2-222）。

③左手把對手右腿向外側掰開，右手準備出拳反擊（圖 2-223）。

圖 2-222　　　　　　　　　　圖 2-223

④左手繼續控制住對手右腿，俯下身體，並藉助身體下俯的力量用右拳攻擊對手下頜（圖 2-224、圖 2-225）。

圖 2-224

圖 2-225

⑤完成攻擊以後，順勢把對手壓在地面，準備實施地面控制技術（圖 2-226）。

圖 2-226

第三章　地面對抗技術

　　MMA 比賽的初衷是讓不同技術風格和特長的選手有機會同台競技，因而在 MMA 擂台上，站立對抗和地面對抗的情況都有可能出現。在參賽雙方都擅長地面技術的情況下，比賽甚至可能會以地面對抗的狀態開始和結束。所以要想在 MMA 擂台上獲勝，我們不僅需要掌握站立狀態下的對抗技術，而且還需要懂得運用地面技術。

第一節　倒地狀態下的防守和反擊技術

　　要掌握如何進攻和反擊，首先需要懂得如何防守。當我們已經倒地，而對手仍然站立的時候，我們的第一反應是儘快恢復站立姿勢。然而在雙方距離較近的情況下，要恢復站立姿勢並不容易，因為對手很可能會用腿法攻擊我們，或者在我們準備起身的時候製造各種阻礙，讓我們再次倒地。即便是精通地面技術的柔術選手，也有可能在對手的踩踏攻擊或者俯身拳擊下落敗。所以，要想恢復站立姿勢，首先需要與對手拉開足夠的距離。

　　在倒地的狀態下，我們可以蹬踢對手腿部、上體甚至

頭部來阻止其接近，從而創造條件恢復站立姿勢。但是如果雙方距離非常近，我們就需要透過本節介紹的其他反制技術來應對了。

關於在倒地的狀態下對付站立姿勢的對手，曾經獲得「終極格鬥冠軍賽」羽量級和次中量級冠軍頭銜，2015年成為「終極格鬥冠軍賽」名人堂成員的BJ・潘（B.J. Penn）總結說：「**轉為地面防守姿勢有利於防守對手的踢擊；一旦機會出現就立即起身，時機的把握能力和距離感就是一切；永遠不要被對手控制住腿部。**」

一、地面防守姿勢

當我們處於地面狀態，而與對手之間的距離恰好適合對手發動攻擊時，我可以用地面防守姿勢來保護自己。

地面防守姿勢要求我彎曲肘關節，用兩手防護面部，同時把膝關節收攏到肘部位置（圖3-1）。

圖3-1

這種防守姿勢既能保護身體，抵擋對手的掃踢（圖3-2），也便於蹬踢對手，迫使其保持距離，從而為我迅速起身創造條件。

圖 3-2

　　對手為了找機會發動攻擊，可能會圍繞我移動，這時我方應該適時轉動身體，使兩腿始終朝向對手，這樣才能發揮地面防守姿勢的效果。

二、恢復站立姿勢的方法

　　雖然從地面起身的姿勢因人而異，但是在 MMA 比賽中，對手隨時都在尋找攻擊的機會，所以從地面恢復站立姿勢時，仍然需要講究策略。從地面起身的時候務必快速，以免對手趁機攻擊。而如果對手真的實施攻擊，我們應當重新轉為地面防守姿勢，並立即蹬踢對手，再次創造便於起身的距離。

　　①從地面防守姿勢開始，一旦與對手拉開足夠距離，我方就先用右手肘部把上體撐離地面，同時縮回左腿，準備起身。左手伸向對手，以便格擋對手的攻擊（圖 3-3、圖 3-4）。

圖 3-3

圖 3-4

②伸直右臂，以右臂和左腿作為支撐，使臀部迅速離開地面（圖 3-5）。

圖 3-5

③迅速收回右腿並站穩，左手仍然伸向對手，以防對手攻擊（圖3-6）。

圖 3-6

④完全站立起來，並調整身體姿勢，恢復站立警戒勢（圖3-7）。

圖 3-7

三、起身時躲避掃踢的方法

從地面恢復為站立姿勢時，需要用一側手臂和另一側的腿部作為支撐，因此防護能力會有所減弱，而對手很可能趁機實施掃踢。

如果遇到這種情況，我們首先應當避開對手的攻擊，然後利用對手攻擊落空的時機恢復站立姿勢。

①從地面狀態開始，我方（穿上衣者）用右臂和左腿作為支撐，準備恢復站立姿勢（圖 3-8）。

圖 3-8

②在我準備起身時，如果對手趁機用左腿向我方頭部實施掃踢時，我們可以立即彎曲右臂，用右臂肘關節作為支撐，讓身體靠向地面，並放低左手，讓對手的攻擊落空（圖 3-9）。需要注意的是，我們不必讓身體完全倒回地面，只需讓對手的踢擊落空，然後重新起身。

圖 3-9

③對手的踢擊落空以後，由於慣性的作用，往往會形成背對我的姿態（圖 3-10）。

圖 3-10

四、地面蹬踢

在地面防守時，如果對手接近，我們可以蹬踢攻擊對手膝關節，迫使其保持距離，從而為我們迅速起身創造條件。如果對手彎腰接近，試圖用拳法攻擊，或者想把我們壓在地面時，那麼我們可以蹬踢攻擊對手面部。

①以地面防守姿勢開始，當對手以左前勢站立，試圖接近我時，我可以用力蹬踢對手左腿膝關節（圖 3-11、

圖 3-11

圖 3-12

圖 3-12）。如果力量足夠大，就可能給對手左膝造成反關節損傷。

②以地面防守姿勢開始，當對手以左前勢站立，試圖接近我時，我先用兩手抱住兩腿脛部，讓兩腿處於彈簧般蓄勢待發的狀態，一旦時機成熟就鬆手，並出腿蹬踢對手左腿膝關節（圖 3-13、圖 3-14）。當對手打算控制我腿部時，這種蹬踢方法尤為奏效。

圖 3-13

圖 3-14

③如果對手打算用拳法攻擊，或者試圖把我壓在地面進行控制時，那麼當對手彎腰的時候我可以蹬踢攻擊對手面部（圖 3-15、圖 3-16）。與蹬踢對手膝關節不同的是，蹬踢對手面部的時候，我們需要用肘部加強支撐，這樣不僅可以保持身體的穩定，也便於抬高腿部。

圖 3-15

圖 3-16

五、地面砸踢

當我們處於地面防守時，除了蹬踢以外，還可以用砸踢來阻擋對手接近。

①以地面防守姿勢開始，當對手接近我時，我先用右腿抵住對手左側大腿（圖 3-17）。

圖 3-17

②以對手大腿
為支點，把臀部撐
離地面，同時抬高
左腿，準備砸擊對
手（圖 3-18）。

圖 3-18

③藉助向下的重力，用左腳跟砸擊對手大腿（圖
3-19）。注意左腿不要過於伸直，否則不僅容易被對手抓
住，腿伸得太直還有可能損傷膝關節。

圖 3-19

六、腿部被控制時的蹬踢反擊

當我們處於地面防守狀態的時候，應該儘量避免被對
手控制住腿部，因為對手可以由腿部控制來實施攻擊。如

果被對手抓握踝關節，我們可以從對手手掌開放的一側掙脫控制，繼而伸腿把對手蹬開，創造恢復站立姿勢的條件。

　　①從對手抓握我踝關節的狀態開始，我們需要在對手做出進一步動作之前迅速向上抬起右腿，從對手左手掌開放的一側掙脫控制，然後沿逆時針方向擺動右腿，繞過對手左手，準備蹬踢對手上體（圖3-20、圖3-21）。

圖 3-20

圖 3-21

②伸展髖部，用右腿撐住對手上體，把對手蹬開（圖3-22）。完成之後，如果雙方距離足夠遠，我們就可以立即恢復站立姿勢。

圖 3-22

七、鈎腿防守

鈎腿防守並不是一種由個人獨立完成的防守姿勢，而是指在地面狀態下，用腿鈎住站立對手的腿部，並用手抓住該腿踝關節，以便實施反擊的技術。這項技術由巴西柔術黑帶級人物德・拉・希瓦（全名 Ricardo De La Riva Goded）從柔術防守姿勢改進並推廣，以至眾所周知，因而也被稱為「德・拉・希瓦防守」。

鈎腿防守雖然不能像蹬踢那樣使自己與對手之間拉開距離，但是卻可以控制住對手的腿部，進而破壞對手的平衡，為進一步反擊創造條件。

①從被對手抓握踝關節的狀態開始,在對手以左前勢站立的情況下,我先用右手抓住對手左腳踝關節(圖3-23、圖3-24)。

圖 3-23   圖 3-24

②左腿抵住對手髖部左側作為支撐,右腿從對手左手掌開放的一側掙脫控制,然後沿順時針方向擺動右腿到對手左腿外側(圖3-25)。

圖 3-25

③彎曲右腿膝關節，由外向內鉤住對手左腿；同時蹺起右腳，用腳背鉤住對手左大腿內側，使整隻右腿纏繞住對手左腿，形成鉤腿防守（圖 3-26、圖 3-27）。

圖 3-26　　　　　　　　　圖 3-27

八、從鉤腿防守恢復站立姿勢的方法

雖然鉤腿防守會使自己與對手處於近距離接觸的狀態，但是仍然可以利用鉤腿防守的特點來創造恢復站立姿勢的條件。

①以鉤腿防守的姿勢開始，我在抓握對手左腳踝關節的同時，用左腳抵住對手髖部作為支撐，讓身體向右滾轉，使臀部離開地面（圖 3-28、圖 3-29）。

②以右側肩部作為支撐，伸展右腿，並蹺起右腳，用腳背鉤住對手右大腿（圖 3-30、圖 3-31）。這一系列動作可以使對手身體沿順時針方向轉動，進入背部朝向我的狀態。

圖 3-28

圖 3-29

圖 3-30

圖 3-31

③當對手背部朝向我以後，我右手放開對手左腳踝關節，右腳也從對手右大腿鬆開，同時用左腳抵住對手臀部，把對手蹬開（圖 3-32、圖 3-32 附圖）。

④對手被蹬開之後，需要轉身調整姿勢才能重新進入對抗狀態，這樣我們就贏得了時間，按照先前提到的方法恢復站立姿勢（圖 3-33、圖 3-34）。

圖 3-32

圖 3-32 附圖

圖 3-33

圖 3-34

九、鈎腿防守時的蹬踢反擊

在鈎腿防守的姿勢下，如果對手用拳法進行攻擊，我們可以用腿撐住對手髖部，阻止其俯身攻擊，也可以先收回撐住對手的腿，然後蹬踢對手面部。

①以鈎腿防守的姿勢開始，當對手抬起右手，準備用右拳發動攻擊時，我可以先收回左腿，彎曲膝關節，做好反擊準備（圖 3-35、圖 3-36）。

圖 3-35   圖 3-36

②在對手俯身攻擊時，我即可用左腿蹬踢其面部（圖 3-37）。如果擊中目標，對手俯身的力量與我蹬踢的力量相加，將會使蹬踢效果倍增。

圖 3-37

十、鈎腿防守轉為地面上位的方法

在鈎腿防守的姿勢下，我們不僅可以用蹬踢來反擊對手的拳法攻擊，還可以利用對手的攻擊動作，把對手帶到地面，並且搶佔地面上位的優勢狀態。

①以鈎腿防守的姿勢開始，對手用左手把我左腿拉開，準備用右拳發動攻擊（圖3-38、圖3-39）。

圖 3-38　　　　　　　　　　圖 3-39

②在對手俯身出拳時，我立即縮回左腿，並用左手擋開對手右拳（圖3-40）。需要注意的是，縮回左腿時，應該使左腿膝關節收到左臂內側，這樣既可以保護上體，也不會阻礙左手的下一步動作。

圖 3-40

圖 3-41

③右腿繼續鉤住對手左腿往回收，藉助對手俯身的慣性，把對手上體朝我們方向拉近，同時用左手摟住對手頸部或者頭部（圖 3-41）。

圖 3-42

④右手鬆開對手左腳踝關節，左腳抵住對手髖部右側，兩腿相互配合，把對手向我右側蹬開（圖 3-42、圖 3-43）。

圖 3-43

⑤對手倒地以後，我順勢向右轉身，用左手按住對手頭部，迅速跪起來，搶佔地面上位的優勢狀態（圖3-44、圖3-45）。如果條件合適的話，可以趁對手倒地的時候迅速起身，恢復站立姿勢。

圖 3-44

圖 3-45

十一、鉤腿防守轉為地面纏抱防守

從鉤腿防守轉為地面上位狀態時，要把對手從我們身體上方蹬開，但是在 MMA 比賽過程中，由於體力的損耗或者其他原因，有時候並不能夠順利地完成這種動作。

在這種情況下，我們不妨藉助對手的攻擊動作，直接纏抱對手，使比賽轉為地面對抗的狀態。

①以鉤腿防守的姿勢開始，當對手以左拳發動攻擊時，我可以挺直左腿，使對手的左拳落空（圖 3-46）。

圖 3-46

②當對手左拳落空，換右拳再次嘗試進攻時，我可以立即縮回左腿，把左腿膝關節收到左臂內側，並用左手擋開對手右拳（圖 3-47、圖 3-48）。

圖 3-47

圖 3-48

③右腿繼續鉤住對手左腿往回收，藉助對手俯身的慣性，把對手上體向我方方向拉近，同時用左手摟住對手頭部（圖 3-49、圖 3-50）。

圖 3-49

圖 3-50

④兩腿夾住對手上體，兩腳在對手身後鉤緊。右手鬆開對手踝關節，協助左手抱緊對手頭部（圖 3-51）。這

圖 3-51

種姿勢不僅可以阻擋對手的後續攻擊，也便於我尋求機會實施降服技術。

十二、鈎腿防守轉為絆腿摔

在鈎腿防守的狀態下，我們不僅可以實施反擊，也可以由腿部動作的改變，把鈎腿防守轉換為主動發力的摔法。

圖 3-52

①從鈎腿防守的姿勢開始，右手繼續抓住對手左腳踝關節，左腿從對手髖部移開，右腿鬆開對手左腿，並取代左腿抵住對手髖部左側（圖 3-52）。

②左腿伸向對手右腿，翹起左腳鈎住對手右腿膝關節後側（圖 3-53）。

圖 3-53

③右腿用力挺直，左腿和右手往回收，使對手失去平衡向後摔倒（圖 3-54、圖 3-55）。

圖 3-54　　　　　　　　　　　圖 3-55

④對手倒地以後，我可以迅速跪起來，搶佔地面上位的優勢（圖 3-56）。

圖 3-56

第二節　地面纏抱上位的對抗技術

所謂地面纏抱上位，通常是指對手背部著地，而我們自己位於對手上方，且身體在對手兩腿內側的地面對抗狀態。

在 MMA 比賽中，當雙方選手進入地面對抗狀態時，處於上位的一方即為優勢方。當我們處於地面纏抱上位時，可以用拳法、肘法甚至膝法攻擊對手頭部、肋部或者其他部位。處於地面纏抱下位的對手兩腿都在我們身體外側，不僅難以防守，而且還需要克服自身的體重和壓在其身上的重量，然後才能採取反擊措施，其劣勢可想而知。因此，在地面對抗狀態下，應該努力爭取並保持上位優勢。

實戰中可以用摔法來獲取地面上位。對手倒地後，我們首先需要運用自上而下的拳法或者肘法實施攻擊，這樣不僅可以轉移對手注意力，以便擺脫對手腿部的纏抱防守，而且還有可能直接獲勝。一旦獲取地面上位的優勢，我們就可以進行後續攻擊，或者創造條件實施降服技術。

雖然地面上位是優勢位置，但如果對手擅長地面技術，我們仍然有可能遭到有威脅性的反擊。所以處於地面纏抱上位時，還需要注意那麼幾點：

控制對手的同時保持進攻，以擊打技術與突破腿部防守技術的切換使對手始終處於守勢；手臂保持彎曲，避免

被對手鎖臂；如果條件合適，立即轉為更具優勢的側面壓制、騎乘姿勢或者背後纏抱姿勢。

一、地面纏抱上位的防守姿勢

不論是處於地面上位還是地面下位，防守姿勢都是必須掌握的基本技術。

①處於地面纏抱上位時，正確的防守姿勢可以防止被對手輕易掀翻，同時也有利於我向對手發動攻擊。要實現這種目的，我們可以挺直身體，伸直左臂，左手抵在對手胸部，防止對手起身，同時把右手放在對手左腿位置，這樣既可以防止對手收緊兩腿進行抵抗，也便於我發動攻擊（圖 3-57）。

圖 3-57

②如果對手擅長擒拿技術，為了防止被對手鎖臂，我可以用手按在對手上臂位置，把對手兩臂壓在地面，為內圍攻擊創造條件（圖 3-58、圖 3-59）。

圖 3-58

圖 3-59

在 MMA 比賽中，我們可以根據場上形勢，在以上兩種防守姿勢之間適時切換，使自己始終保持上位優勢。

二、地面纏抱上位狀態下的平勾拳連續攻擊

平勾拳不僅可以用於站立姿勢下的對抗，而且也可以用於地面對抗。在地面纏抱上位狀態下，由於對手動作空間受限，想要實現完美的防守並不容易，這就讓我們有機會用平勾拳向對手發動連續的攻擊。

①從地面纏抱上位的狀態開始，對手用左手摟住我頭部後側，想要實施控制技術，但同時也暴露出上體目標，這時我方（穿上衣者）向後抬起右手，用平勾拳攻擊對手肋部（圖 3-60、圖 3-61）。

②擊中對手肋部以後，迅速收回右手，以同樣的方法再次攻擊對手肋部（圖 3-62、圖 3-63）。

圖 3-60

圖 3-61

圖 3-62

圖 3-63

③由於肋部連續受到攻擊，對手會放低肘部保護肋部，而這樣就會使面部疏於防範，這時我即可用右平勾拳攻擊對手下頜部位（圖 3-64、圖 3-65）。

需要注意的是，我們的重點目標是對手的面部，攻擊對手肋部的目的是轉移對手的注意力，所以如果對手肘部

圖 3-64

圖 3-65

不放低，就需要繼續打擊其肋部，直到對手暴露出面部目標。另外，用右拳發動攻擊的時候，仍然需要留意對手的動作，提防對手趁機鎖住我左臂進行反擊。

三、地面纏抱上位狀態下的上勾拳攻擊

當我處於地面纏抱上位狀態時，對手要想防守上勾拳是非常困難的。一方面，處於下位的對手為了實施纏抱防守，需要伸出手臂摟住我頭部或者頸部，其內圍就會出現缺口；另一方面，為了觀察我的動作，對手往往會抬起頭來，這也為我用上勾拳攻擊其下頜部提供了便利。

①從地面纏抱上位的狀態開始，對手用左手摟住我頭部後側，想要實施纏抱防守，我先用左手把對手上臂按在地面，為上勾拳攻擊創造條件（圖 3-66）。

②打開對手內圍缺口以後，右手立即伸進對手左臂內側，用上勾拳攻擊對手下頜部（圖 3-67）。

圖 3-66　　　　　　　　　圖 3-67

四、解除腿部纏抱轉為拳法攻擊

在 MMA 比賽中，站立對抗與地面對抗的戰術運用是相通的。在站立對抗的情況下，我們可以以佯攻手段來為真正的攻擊創造條件。而在地面對抗時，如果我們被處於地面下位的對手用兩腿纏住，同樣可以採取聲東擊西的策略，先利用假動作吸引對手的注意，然後再發動真正的攻擊。

①從地面纏抱上位的狀態開始，對手用兩腿纏住我時，為了防止被對手摟住頸部或者頭部，我先把對手兩手按在其胸部（圖 3-68）。

圖 3-68

②為了轉移對手注意力，我可以沿順時針方向轉體，用右手按住對手大腿往下壓（圖 3-69）。需要注意的是，這種動作並不能真正解脫對手的腿部纏抱，這樣做的真實意圖是誘導對手把注意力放在其腿部。

圖 3-69

③一旦對手放鬆面部防守，我就可以抓住機會對其面部施以重拳（圖 3-70、圖 3-71）。

圖 3-70

圖 3-71

五、解除腿部阻擋轉為拳法攻擊

處於地面下位的對手為了阻擋我的攻擊，常常會彎曲膝關節，用腿部抵住我上體。遇到這種情況，我們可以先把對手的腿往側面掰開，解除對手腿部的阻擋，然後再出拳實施攻擊。

①從地面纏抱上位的狀態開始，當對手彎曲左腿擋住我上體時，我用右手抓住對手踝關節往回拉，左手抵住對手膝關節向外側推開（圖3-72、圖3-73）。

圖 3-72　　　　　　　　　　圖 3-73

②解除對手腿部阻擋以後，對手的注意力已經集中到腿部，所以我要用左手繼續抵住對手膝關節，右手鬆開對手踝關節，迅速出拳攻擊對手面部（圖3-74）。

③完成攻擊以後，可以用前臂撐在對手胸部，避免上體過於貼近對手（圖3-75）。之後就可以根據需要繼續攻擊對手，或者把握機會恢復站立姿勢。

圖 3-74

圖 3-75

六、地面纏抱上位狀態下的肘法攻擊

處於地面下位的對手為了阻止我用拳法攻擊，除了用腿進行阻擋以外，還有可能抓住我腕部進行控制。在這種情況下，我可以用肘法直接攻擊對手。

①以我們處於地面纏抱上位的狀態開始，對手抓住我腕部，阻止我用拳法攻擊（圖 3-76）。

圖 3-76

②由於不便使用拳法，我可以略微向左傾斜身體，使肘部得以向上抬高，準備實施攻擊（圖 3-77）。

圖 3-77

③一旦抬高肘部，即使對手控制住我腕部，也將很難阻擋我肘部的動作，這時我們就可以用肘部向下攻擊對手面部（圖 3-78）。

圖 3-78

④除了用以上方法實施肘擊之外，由於對手只是抓住我腕部，而我手掌仍然可以活動，所以也可以先用左手幫助右手掙脫對手的控制，然後再實施肘擊（圖 3-79、圖3-80）。

圖 3-79   圖 3-80

七、砸拳轉肘法的組合攻擊

砸拳是 MMA 比賽中處於地面上位的一方常用的拳法。當處於地面下位的對手摟住我頭部或者頸部，準備實施纏抱防守時，如果我能夠用砸拳與肘法配合起來進行組合攻擊，那麼攻擊效果將得到極大的增強。

①從地面纏抱上位的狀態開始，對手用左手摟住我頭部後側，想把我頭部拉低實施纏抱防守，同時也暴露出面部目標時，我可以抬起右手，用拳向下砸擊對手面部（圖3-81、圖3-82）。

圖 3-81   圖 3-82

②因為對手面部受到打擊以後並沒有鬆開左手，所以我要用右手抓住對手左手腕部，將其從我頭部移開（圖3-83、圖 3-84）。

圖 3-83

圖 3-84

③移開對手左手以後，右手仍然抓住其左腕，並轉動肘部，由上而下打擊對手面部（圖 3-85）。

④完成攻擊以後，我可以用前臂撐在對手胸部，以防對手再次摟住我頭部（圖 3-86）。

圖 3-85

圖 3-86

八、砸肘轉直拳的組合攻擊

在 MMA 比賽中，組合攻擊的方式可以是多種多樣的，而且需要我們能夠隨機應變。當處於地面下位的對手用兩腿纏住我們的時候，我們不僅可以用掰腿的假動作來為拳法攻擊創造條件，而且也可以用肘法與拳法配合，實實在在地向對手的身體兩端發動攻擊。

①從地面上位的狀態開始，當對手用兩腿纏住我時，我可以先抬起右臂，用肘向下砸擊對手大腿部位（圖3-87、圖3-88）。

雖然這種打擊不一定能解除對手的纏抱，但是腿部受到重擊以後，對手的腿部動作便會受到影響。

圖 3-87　　　　　　　　　　圖 3-88

②當對手的注意力轉移到腿部以後，我們便可以直接伸展右臂用直拳攻擊對手面部（圖3-89）。

圖 3-89

九、擺拳佯攻轉為砸肘攻擊

在站立對抗時，擺拳通常被用作後續拳法，由於動作幅度較大，容易被對手察覺，所以往往需要先用其他拳法進行鋪墊。但是在地面對抗時，我們可以把擺拳用作佯攻的手段，待對手轉移注意力以後，再用肘法實施攻擊。

①以地面纏抱上位防守姿勢開始，我可以抬起右臂，做出準備用擺拳攻擊對手面部的姿態（圖 3-90）。

圖 3-90

②由於擺拳的動作較容易被識別，所以對手無疑會抬起手臂格擋，並且會暴露出上體目標，這時我就可以收緊肘關節，徑直向下砸擊對手太陽神經叢（圖 3-91、圖 3-92）。

圖 3-91　　　　　　　　　　圖 3-92

十、「斷頭台」的解脫方法

「斷頭台」是最為常見的降服技術之一。與其他降服技術不同的是，「斷頭台」的實施途徑很多，在站立對抗和地面對抗時都可以使用，所以我們必須懂得基本的反擊方法，以便及時解脫。

遭遇「斷頭台」時，一些選手會試圖把頭向後掙脫出來，然而大多數情況下，這樣只會使自己被鎖得更緊，所以正確的方法是用肩部向前頂，如此才能在一定程度上抵消對手的技術動作。

①從遭遇「斷頭台」的狀態開始，當對手兩腿纏住我上體，並在其身體左側鎖絞我頸部時，我可以用左臂摟住對手頭部，同時用右腳撐地，以左側肩部向前頂住對手面部（圖3-93、圖3-94）。

圖 3-93

圖 3-94

②左腳跟上右腳的動作，兩腿一起用力，使身體進一步向前頂住對手面部，這樣可以爭取到一些空間以便呼吸，同時也使我得以用右手伸進缺口抓住對手的左手（圖3-95）。

圖 3-95

③右手抓住對手的左手用力向側面掰開，解除頸部的危機（圖 3-96、圖 3-97）。

圖 3-96

圖 3-97

④頸部危機解除以後，立即抬起上體，這時我已經從「斷頭台」中解脫出來，可以向對手發動反擊了（圖3-98、圖3-99）。

圖 3-98

圖 3-99

十一、「蝴蝶防守」的解脫方法

「蝴蝶防守」是處於地面下位的選手採用的一種防守姿勢，要求在摟抱對手頸部或者上體的同時，把兩腿伸到對手大腿內側，用膝關節或者腿脛把對手兩腿撐開，從而限制對手發揮技術動作。因其動作形似蝴蝶展翅，所以被稱為「蝴蝶防守」。

對手用「蝴蝶防守」來限制我動作的時候，由於兩腿沒有纏抱我，所以要想解脫並不十分困難。

①從遭遇「蝴蝶防守」的狀態開始，對手坐在地面，兩手抱住我上體，兩腿從內側撐開我大腿。這時我可以先用右拳攻擊對手頭部，轉移對手注意力（圖3-100、圖3-101）。

圖 3-100

圖 3-101

②攻擊對手頭部以後，放低右臂，轉而攻擊對手側面肋部（圖3-102）。

圖3-102

③受到連續攻擊以後，對手的注意力被吸引到了上半身，無暇顧及我腿部的動作，這時我就可以迅速用右腿膝部支撐身體，左腿向後伸展，同時左手按住對手右腿膝部，並向外側推開（圖3-103、圖3-104）。這樣就能使腿部得到解脫。

圖3-103

圖 3-104

④左手繼續推動對手右腿，使對手身體向右滾轉，然後迅速收回左腿，跪在對手腿部後側（圖 3-105）。

⑤收回右腿，用右腳踏在對手背後（圖 3-106）。在這種情況下，對手就形成右側貼在地面的姿勢，而無法恢復「蝴蝶防守」。

圖 3-105

圖 3-106

圖 3-107

⑥對手在側面貼地的姿勢下很難進行有效的反擊,這時我即可用左手按住對手頭部,抬起上體,恢復優勢姿勢(圖3-107)。之後就可以用右拳向對手發動攻擊了。

十二、解脫「蝴蝶防守」轉為側面壓制

雖然地面上位是優勢位置,但由於對手往往會用兩腿妨礙我們採取進一步的攻擊,所以處於地面上位時,除了解除對手腿部的妨礙之外,我們還需要設法轉到更具優勢的其他位置進行壓制。側面壓制就是可以考慮的目標之一。

①以對手用兩腿實施「蝴蝶防守」的狀態開始,我先用右直拳攻擊對手面部,吸引對手的注意力(圖3-108、圖3-109)。

②收回右手,再次做出用直拳攻擊的動作,使對手忙於防護面部,而忽略腿部的動作(圖3-110)。需要注意的是,直拳的意圖並非再次攻擊對手面部,而是為解脫創造條件。

圖 3-108

圖 3-109

圖 3-110

圖 3-111

　　③右拳下落的時候，立即轉換手型，用右手撐在地面，同時藉助俯身的力量用左手按住對手右腿（圖 3-111）。

④左手把對手右腿往其左腿方向推，使對手兩腿合攏，同時沿順時針方向擺動右腿，使右腿解脫出來（圖3-112）。

圖 3-112

⑤右腳落在左腿後側，上體順勢滾轉，壓住對手上半身（圖 3-113）。

之所以使右腳落在左腿後側，是因為我的目標是側面壓制，這種動作便於我把身體移到對手側面。

圖 3-113

⑥左腿從右腿下方滑出來，使髖部儘量平貼地面，形成側面壓制的姿勢（圖 3-114）。

圖 3-114

第三節　地面纏抱下位的對抗技術

當 MMA 比賽進入地面纏抱對抗狀態時，地面下位是劣勢位置，容易被對手用拳法或者肘法等技術攻擊，即便只是進行防守也會非常耗費體力。因此，爭取地面上位永遠都是首選。

要想盡可能扭轉處於地面下位時的不利局面，我們需要瞭解的原則是：

要嘛使對手距離我們足夠遠，一旦有條件，立即恢復站立姿勢；要嘛使對手距離我們足夠近，以便我們採用控制技術來降服對手；而如果對手並不擅長地面上位壓制技術，我們則可以設法把對手從我們身上掀翻，解除對手的壓制。其中，降服對手是處於地面下位時唯一可能贏得比賽的途徑。

一、纏抱防守

纏抱防守是許多經歷過柔術訓練的選手所慣用的防守方法，這種防守方法主要講究腿部的動作，要求處於地面下位的選手用兩腿纏住對手的軀幹、腰部或者大腿，從而限制對手的動作。

纏抱防守的表現形式多種多樣，根據腿部的動作可以區分為兩種狀態，即封閉式纏抱防守和開放式纏抱防守。

1. 封閉式纏抱防守

封閉式纏抱防守又稱閉合式纏抱防守，即兩腿纏抱對手的時候，兩腳在對手背後相互鉤緊（圖 3-115）。

圖 3-115

2. 開放式纏抱防守

開放式纏抱防守即兩腿纏抱對手的時候，兩腳不用鉤住對手的背後，而是用腿夾住對手的腰部（圖 3-116）。

從格鬥雙方的相對位置來看，我們實施纏抱防守的時候，不僅會有雙方貼身的情況，也會有對手上體保持直立

圖 3-116

圖 3-117

的情況（圖 3-117）。

二、從纏抱防守恢復站立姿勢的方法

當對手被我用纏抱防守的方法控制住時，往往會設法直起身來，然後用拳法或者肘法對我實施攻擊。但從地面下位的角度來看，當對手直起身來的時候，我正好可以利用對手的動作從劣勢位置解脫出來，恢復站立姿勢。

①從纏抱防守的狀態開始，當對手用手按在我胸部把上體撐起來時，我順應對手的動作故意伸展左臂，而右臂則貼在地面，準備把身體撐起來（圖 3-118、圖 3-119）。

圖 3-118

圖 3-119

②當對手直起身來後，我就可以藉助對手的動作，用左手拉住對手頭部或者頸部，右臂肘部撐在地面，把自己上體撐起來（圖 3-120、圖 3-120 附圖）。

圖 3-120

圖 3-120 附圖

③伸直右臂,並迅速收回左腿,以左腳和右手撐地,使臀部離開地面,以便撤回右腿(圖 3-121、圖 3-121 附圖)。

④右腿從對手身後撤回,並踏在身體後側;左手繼續控制住對手頸部,以便保持距離(圖 3-122、圖 3-122 附圖)。之所以右腳踏在對手身體後側,是為了與對手拉開距離。

圖 3-121

圖 3-121 附圖

圖 3-122

圖 3-122 附圖

⑤右腳站穩以後，迅速直起身來，把對手推開，恢復站立警戒勢（圖 3-123、圖 3-124）。

圖 3-123

圖 3-124

三、腿部擺動解除正面壓制的方法

在纏抱防守的狀態下，如果我們需要恢復站立姿勢，那麼除了運用以上提到的方法外，還可以運用腿部的擺動掀開對手，然後恢復站立姿勢。

①從纏抱防守的狀態開始，我用左手按住對手（穿深色衣服者）左側頸部並朝左側推開，同時彎曲右臂，從內側鉤住對手左腿（圖 3-125、圖 3-125 附圖）。

圖 3-125　　　　　　　　　圖 3-125 附圖

②伸展左臂，把對手頭部推到左側，同時右腿向左側擺動，使對手身體倒向側面；右臂保持彎曲，把對手左腿向外側撥開，使對手失去平衡（圖 3-126、圖 3-127）。

圖 3-126　　　　　　　　　圖 3-127

③收回左腿，用左腳
抵住對手左側腋窩，把對
手蹬開，解除對手對我的
正面壓制（圖 3-128）。

圖 3-128

④伸直右臂，
把身體撐離地面，
同時收回兩腿，準
備站立起來；左手
抵住對手肩部，以
便和對手保持距離
（圖 3-129）。

圖 3-129

⑤左臂保持伸
展的姿勢，兩腿迅
速站起來（圖 3-
130）。之後就可
以調整姿勢，恢復
站立警戒勢了。

圖 3-130

四、坐式纏抱防守

當處於地面上位的對手直起身來時，其使用降服技術的可能性就會降低，而用拳法或者肘法實施連續攻擊的能力則會增加。

如果我們設法坐起來，那麼雙方距離就縮短，即使對手仍然可以用拳法攻擊，其力度將會減輕不少。而且，我們也可以趁對手用拳法攻擊的時候尋求機會實施降服技術，或者推開對手，然後恢復站立姿勢。

所以，坐式纏抱防守不僅是我們保護自己的有效方法，而且也是連接反擊技術的橋樑。

①從封閉式纏抱防守的狀態開始，我背部貼地，而對手處於上體直立的姿勢（圖 3-131）。

圖 3-131

②為了使背部離開地面，我可以用右臂肘部把上體撐起來，同時左手伸向對手左側頸部（圖 3-132、圖 3-132附圖）。

圖 3-132　　　　　　　　　　圖 3-132 附圖

③左手用腕部抵住對手左側頸部，伸直右臂作為支撐，使上體完全離開地面，形成坐式纏抱防守（圖 3-133、圖 3-133 附圖）。之所以用左手腕部抵住對手左側頸部，是因為這樣可以防止對手用肘法攻擊我面部。

圖 3-133　　　　　　　　　　圖 3-133 附圖

④形成了坐式纏抱防守，我就可以根據場上形勢和不同的戰術目標，採取進一步的行動。而如果想要恢復站立姿勢，那麼我們可以鬆開原來鈎在一起的兩腳，以左腳和右手撐地，使臀部離開地面（圖3-134）。

圖3-134

⑤左腳和右手繼續撐地，左手把對手頭部推開，右腿從對手身後收回，並踏在身體後側（圖3-135、圖3-136）。

圖3-135

圖3-136

⑥右腳站穩以後，左腿立即向右腿靠攏，左手撐住對手肩部，以防對手趁機實施抱腿摔法（圖3-137）。

⑦迅速調整身體各部位的姿勢，恢復站立警戒勢（圖3-138）。

圖 3-137

圖 3-138

五、坐式纏抱防守轉為騎乘姿勢的方法

形成坐式纏抱防守姿勢後，如果想要繼續在地面進行對抗，那麼可以運用翻轉臀部的方法把對手壓在身下，奪取優勢位置，然後再向對手發動攻擊。

①從坐式纏抱防守的姿勢開始，我們可以鬆開原來鈎在一起的兩腳，用左腳和右臂支撐身體，左手按住對手左側肩部作為支點，上體用力沿順時針方向扭轉（圖3-139、圖3-139附圖）。

圖3-139

圖3-139附圖

②由於我調動了不同的部位協調一致同時發力，對手往往會被我撲翻在地（圖3-140、圖3-141）。

圖 3-140　　　　　　　　圖 3-141

③對手倒地以後，我就從纏抱防守轉為了騎乘姿勢，這時就可以向對手發動攻擊了（圖 3-142）。

圖 3-142

六、從「蝴蝶防守」解除正面壓制的方法

當被對手從正面壓制時，如果我形成了「蝴蝶防守」的姿勢，那麼就可以用腿把對手掀開，從而解除對手的壓制。

①從「蝴蝶防守」的姿勢開始，當對手準備從正面壓制我時，我可以用右手摟住對手頸部，左手抓住對手右手，兩腿伸到對手大腿內側，並用腳背鉤住對手大腿，把對手兩腿撐開（圖3-143、圖3-143附圖）。

圖3-143　　　　　　　　　圖3-143附圖

②抱緊對手頸部的同時，兩腿同時用力，把對手下半身向上抬離地面（圖3-144、圖3-145）。

圖3-144

圖 3-145

③兩腿繼續向上抬高，把對手從我身上掀開（圖 3-146）。解除對手的壓制以後，就可以採取下一步行動了。

圖 3-146

七、從「蝴蝶防守」恢復站立姿勢的方法

「蝴蝶防守」本身只是一種防守方法。使用「蝴蝶防守」制約對手進攻的時候，如果想要從守勢轉為攻勢，我們可以先把對手從身上掀開，使其倒地，然後再實施反擊。但是在 MMA 比賽過程中，如果我們的體力已經大量

損耗，要完成這種動作就很不容易。在這種情況下，可以考慮先坐起來，形成坐式「蝴蝶防守」，然後恢復為站立姿勢，再繼續比賽。

①從坐式「蝴蝶防守」的姿勢開始，我收起兩腿，用左腳踏在地面，同時用左臂穿過對手腋下抱住對手上體，右手抓住對手左上臂（圖 3-147、圖 3-147 附圖）。

圖 3-147

圖 3-147 附圖

圖 3-148

②右腳抵住對手左腿膝關節，用力把對手左腿蹬開，破壞對手的平衡（圖 3-148、圖 3-149）。

圖 3-149

③以左腳和右手撐地，使臀部離開地面（圖 3-150、圖 3-150 附圖）。

圖 3-150

圖 3-150 附圖

④右腳從對手身體下方收回，並迅速站穩。左臂仍然抱住對手，防止其實施抱腿摔（圖3-151）。

圖 3-151

⑤站立起來以後，用兩手把對手推開，恢復站立警戒勢（圖 3-152、圖 3-153）。

圖 3-152　　　　　　圖 3-153

八、從「蝴蝶防守」轉為側面壓制的方法

以「蝴蝶防守」為基礎，如果我們想要在地面對抗的狀態下扭轉局面，轉守為攻，那麼可以先坐起來，形成坐式「蝴蝶防守」，然後抱住對手的上體進行翻轉，奪取優

勢位置。

①從坐式「蝴蝶防守」的姿勢開始，我們可以先用左腳鉤住對手右腿，同時用左臂穿過對手腋下抱住對手上體，右手抓住對手左上臂（圖 3-154、圖 3-154 附圖）。

②左腳鉤住對手右腿內側向上抬，上體用力向右側傾，同時用右手勒住對手左臂，防止對手用左臂支撐身體（圖 3-155、圖 3-155 附圖）。

圖 3-154

圖 3-154 附圖

圖 3-155

圖 3-155 附圖

③向右側傾的同時，伸直右腿作為支撐，上體順勢向右扭轉，把對手撲翻在地面（圖 3-156、圖 3-156 附圖）。

圖 3-156

圖 3-156 附圖

④對手倒地後，左臂仍然抱住對手上體，右手繼續抓住對手左臂，同時立即調整姿勢，伸展兩腿，使髖部貼在地面，形成側面壓制的姿勢（圖 3-157）。

圖 3-157

九、格擋拳法攻擊轉為貼身纏抱防守

如果地面上位的對手直起身來，我們很容易遭到其拳法攻擊，所以較為理想的應對方法是設法坐起來，形成坐式纏抱防守的姿勢。

如果對手察覺我們的意圖，就會用手臂撐住我們上體，阻止我們的動作，並繼續用拳進行攻擊。在這種情況下，我們可以調整策略，先格擋對手的拳法攻擊，同時利用對手的動作來實現貼身狀態的纏抱防守。

①從纏抱防守的狀態開始，對手用兩手撐住我上體，阻止我坐起來，然後收回右臂，準備用拳發動攻擊（圖3-158、圖3-159）。

圖 3-158　　　　　　　　　　圖 3-159

②當對手俯身出拳時，我可以用左手由內向外格擋對手右拳，同時兩腿抱住對手上體往回收（圖3-160）。這樣不僅可以擾亂對手拳法的攻擊路線，還可以使對手上體向前撲倒，從而縮短雙方的距離。

圖 3-160

③當對手撲倒在我身上時，我迅速用左臂由外向內鈎住對手右臂，同時用右手抱住對手頭部，形成貼身纏抱防守的姿勢（圖 3-161、圖 3-161 附圖）。

圖 3-161

圖 3-161 附圖

十、格擋拳法攻擊轉為「蜘蛛防守」

「蜘蛛防守」是開放式纏抱防守的一種表現形式，要求彎曲腿部抵在對手上臂部位，同時用手配合，控制住

對手手臂。其動作形態好比蜘蛛困住獵物的姿勢，因此得名。

在貼身纏抱防守的狀態下，如果對手用拳發動攻擊，我們可以在格擋的同時，利用對手的動作形成「蜘蛛防守」。以「蜘蛛防守」為基礎，可以把對手從我們身上掀開，也可以就此實施降服技術。

①從封閉式纏抱防守的姿勢開始，我方（穿上衣者）用兩腿纏抱住對手，同時左手抱住對手頭部（圖3-162）。

注意，左手應該始終抱住對手頭部，以防對手直起上體發動更有力的拳法攻擊。

②對手收回左臂準備出拳攻擊時，我立即乘勢縮回右腿，用膝部或者脛部抵在對手肩部，同時伸出右手進行格擋（圖3-163）。

圖3-162

圖3-163

③由於肩部動作受到阻擋，對手的拳法攻擊落空，這時我就可以控制住對手的手臂，完成「蜘蛛防守」了（圖3-164、圖3-165）。

圖 3-164   圖 3-165

十一、纏抱防守時的肘法反擊

防守的目的不僅僅是為了保護自己，同時還需要在防守的同時創造機會進行反擊。當我們處於地面下位的時候，較為理想的應對方法是先從劣勢位置解脫出來，然後再採取後續行動。而如果時機尚未成熟，也可以尋求其他的反擊方法。在纏抱防守的狀態下，如果對手頭部疏於防範，那麼我們可以考慮用肘法進行反擊。

①從纏抱防守的姿勢開始，當對手伏在我們身上進行壓制的時候，可以用兩手把對手頭部向上撐開（圖3-166、圖3-167）。

圖 3-166

圖 3-167

②撐開對手頭部以後，突然鬆手，然後用右肘打擊對手太陽穴部位（圖 3-168）。

③完成攻擊以後，右手需要迅速從對手下方收回，準備採取下一步行動（圖 3-169、圖 3-170）。

圖 3-168

圖 3-169

圖 3-170

十二、坐式纏抱防守時的反向鎖臂

在 MMA 比賽中，我們無法每次都準確地預料對手會對我們的動作做出什麼反應，所以隨機應變的能力就顯得尤為重要。這種能力有時候甚至可以決定勝負。

形成坐式纏抱防守姿勢後，我們可以用翻轉臀部的方法把對手壓在身下，從而獲取地面上位。但如果對手用手撐在地面阻止我們的翻轉動作時，我們可以隨機應變，順勢抓住對手的手臂實施反向鎖臂技術。

這裡介紹的反向鎖臂技術借鑒了柔術和柔道中的「逆腕緘」，即反向的「腕緘」技術。這種技術可以向對手肩部和肘部施加極大的力量，甚至會造成嚴重的關節損傷，所以是一項頗具威力的降服技術。

據說柔道家木村政彥曾用其戰勝被譽為巴西柔術奠基人的艾里奧・格雷西（Hélio Gracie）。為了紀念那次勝利，這項技術也被後人稱為「木村鎖」。

①以坐式纏抱防守的姿勢開始，為了獲取地面上位，我方（穿上衣者）鬆開原來鈎在一起的兩腳，用左腳和右臂支撐身體，左手按住對手左側肩部作為支點，上體沿順時針方向扭轉（圖 3-171、圖 3-171 附圖）。

②為了對抗我的翻轉動作，對手會用左手撐在地面。在這種情況下，我立即轉換策略，彎曲左臂鈎住對手左臂，上體向地面靠近，用右手抓住對手左手腕部，準備實施反向鎖臂技術（圖 3-172、圖 3-172 附圖）。

圖 3-171

圖 3-171 附圖

圖 3-172

圖 3-172 附圖

　　③左臂保持鉤住對手左臂的狀態，用左手握住右手腕，同時上體和臀部沿逆時針方向滾轉，並彎曲右腿，從對手身後壓住對手。左手握住對手左手腕往回拉，右手抓住對手左手腕向左推。這樣一來，就形成了反向鎖臂的狀態（圖 3-173）。對手肩部和肘部將承受極大的力量，往往會難以忍耐而認輸。

圖 3-173

十三、坐式纏抱防守時的十字固

十字固是柔術和柔道選手熟知的一項針對手臂肘關節實施的反關節控制技術，可以在地面上位或者地面下位實施。實施這項技術的時候，雙方身體交叉為十字形狀，因而稱為十字固。「終極格鬥冠軍賽」著名女子選手、曾經獲得 2008 年北京奧運會女子柔道 70 公斤級比賽銅牌的隆達・羅西（Ronda Rousey）就十分精於此道。

處於地面下位時，如果我們能夠坐起來，那麼對手可以選擇的攻擊方式將非常有限，所以對手通常都會盡力阻止我們坐起來。而如果我們能夠熟練地運用地面技術，那麼當對手用手臂撐住我們上體，試圖阻止我們坐起來的時候，我們就可以利用對手的動作，抓住其手臂，用十字固技術來降服對手。

①從地面下位纏抱防守的姿勢開始，我方（穿上衣者）用右臂肘部撐住上體，左手抵住對手頸部準備坐起來，這時對手兩臂伸進我內圍，試圖把我按回地面（圖

3-174、圖 3-175）。

②在對手按壓我上體時，我可以故意倒回地面，並用右臂鉤住對手左大腿內側作為支點，把右腿抬到對手左臂腋下（圖 3-176）。

③左手拉住對手肩部，左腿繞過對手頭部並移動到對手頭部左側，然後收回左臂和右臂，用左手和右手把對手右臂控制在胸前（圖 3-177）。

圖 3-174

圖 3-175

圖 3-176

圖 3-177

④兩腿向下用力，把對手身體壓在地面，形成十字固（圖 3-178）。

需要注意的是，完成動作時，我應該使左腿壓在對手頸部，同時併攏兩腿膝部，髖部儘量向上挺，這樣可以向對手肘關節施加最大的力量，增強十字固的控制效果。

圖 3-178

十四、從貼身纏抱防守實施十字固

十字固的實施條件是把對手的肘部控制在我們胸部，但是如果對手撲在我身上進行壓制，而且兩臂都位於我身體側面，那麼我就需要先利用腿部的動作把對手手臂頂到我胸部中央，然後再實施十字固。

①以貼身纏抱防守的狀態開始，對手（穿上衣者）貼在我身上，兩臂彎曲，用肘關節夾住我身體側面進行壓制（圖 3-179、圖 3-179 附圖）。

②為了實施十字固，我需要先用兩手抵在對手面部左側，把對手頭部向左側推開（圖 3-180、圖 3-180 附圖）。

圖 3-179　　　　　　　　　圖 3-179 附圖

圖 3-180　　　　　　　　　圖 3-180 附圖

　　③左手繼續把對手頭部向左推，右手轉移到對手左腿內側。右腿由外向內擺動，準備鉤住對手上體，同時彎曲左腿膝關節頂住對手右側上臂，並往頭部方向提膝（圖3-181、圖3-181 附圖）。

　　④我提膝的動作會迫使對手右臂移動到我胸部中央，這時我就可以用右腿鉤住對手背部，同時左手繼續撐住對手頭部，左腿由外向內沿逆時針方向擺動，準備壓住對手

圖 3-181

圖 3-181 附圖

圖 3-182

圖 3-182 附圖

頸部（圖 3-182、圖 3-182 附圖）。

　　⑤我擺動左腿的動作起到了抵住對手右臂的作用，這時就可以抓住對手右臂，同時用左腿壓住對手頸部，兩腿向下用力，把對手身體壓向地面，形成十字固（圖 3-183）。

圖 3-183

十五、坐式纏抱防守時的三角緘

三角緘是來自柔術和柔道的稱謂，用來描述利用腿部絆住對手手臂，進而鎖住對手肩部的技術動作。這項技術多以纏抱防守的姿勢開始實施，雖然看上去複雜，但運用起來並不算太難。

當我們準備用翻轉臀部的方法獲取地面上位的時候，對手可能會抱住我們兩腿，試圖把我們重新摔倒在地面。這時，我們就可以擺動腿部絆住對手手臂，隨即實施三角緘。

①以坐式纏抱防守的姿勢開始，為了獲取地面上位，我可以鬆開原來鈎在一起的兩腳，用左腳和右臂支撐身體，左手按住對手左側肩部作為支點，上體沿順時針方向扭轉（圖 3-184）。

圖 3-184

圖 3-185

②為了把我重新摔
倒在地面，對手會用兩
手抱住我腿部，準備向
前撲倒（圖 3-185）。

③被對手撲
倒的同時，由於
對手手臂抱著我
的腿部，我即可
趁勢由外向內擺
動右腿，並彎曲
右腿鈎住對手左
臂（圖 3-186、
圖 3-187）。

圖 3-186

圖 3-187

④鈎住對手左臂以後，我迅速坐起來，用右腿把對
手肩部壓在地面，同時把左腿滑到外側（圖 3-188、圖
3-188 附圖）。

圖 3-188　　　　　　　　圖 3-188 附圖

⑤迅速彎曲右腿絆住對手左臂，收回左腿並跪起來。左臂穿過對手頭部下方抱住對手，右臂從對手右臂腋下抱住對手；兩手相互扣緊，形成三角絞（圖 3-189）。為了增強降服效果，完成動作的時候，我要用右腿儘量把對手肩部往下壓，而髖部則儘量向上提。

圖 3-189

十六、從「蜘蛛防守」實施三角絞

三角絞不僅可以從坐式纏抱防守的狀態實施，而且也可以從「蜘蛛防守」的狀態來實施。

①以「蜘蛛防守」的姿勢開始，我用左臂鉤住對手右臂，左腿鉤住對手上體，右手抓住對手左手，右腿脛部抵在對手肩部（圖 3-190、圖 3-190 附圖）。

圖 3-190　　　　　　　　　圖 3-190 附圖

②右手抵住對手面部右側，把對手頭部推開，為左腿創造活動空間；左腿向右擺動，鉤住對手肩部（圖 3-191、圖 3-192）。

圖 3-191　　　　　　　　　圖 3-192

③左手抓住對手右臂，右腿從對手肩部收回，移動到外側（圖 3-193、圖 3-193 附圖）。

圖 3-193　　　　　　　　　　圖 3-193 附圖

④右手撐地坐起來，左手從後面抱住對手上體，並以左腿把對手右肩壓在地面（圖 3-194）。

圖 3-194

⑤收回兩腿，用右腿膝部作為支撐跪起來，並彎曲左腿絆住對手右臂（圖 3-195）。

圖 3-195

⑥身體前傾，把對手肩部往地面壓；右臂穿過對手頭部下方抱住對手，左臂從對手左臂腋下抱住對手，兩手相互扣緊，形成三角緘（圖 3-196）。

圖 3-196

十七、從「蜘蛛防守」實施三角絞

三角絞是源自柔術和柔道的降服技術，要求我們兩腿呈三角形鎖在一起，纏住對手頭部和一隻手臂，利用腿部

和對手肩部來阻斷對手頸動脈的血液流通，迫使對手認輸。這項技術幾乎對任何人都非常奏效，而且可以在許多情況下使用，尤其適合用來對付處於地面上位的對手。

在 MMA 比賽中，降服技術是獲取勝利的重要手段。因此，即便處於地面下位，只要運用得當，我們仍然有機會以降服技術來扭轉局面。當我們形成「蜘蛛防守」的姿勢以後，就可以考慮使用三角絞來降服對手了。

①以「蜘蛛防守」的姿勢開始，我用左臂鈎住對手右臂，左腿鈎住對手上體，右手抓住對手左手，右腿脛部抵在對手肩部（圖 3-197、圖 3-197 附圖）。

圖 3-197　　　　　圖 3-197 附圖

②右手抵住對手面部，把對手頭部推開，為右腿創造活動空間，同時右腿從對手肩部收回，準備鈎住對手頸部（圖 3-198）。

③右腿向左擺動鈎住對手頸部，並向下施壓，右手抱住對手頭部往下拉，防止對手掙脫（圖 3-199）。

圖 3-198　　　　　　　　　圖 3-199

④左腿從對手上體擺動到右腿上方,然後用左腿膝關節壓住右腿踝關節(圖 3-200)。需要注意的是,我擺動左腿的同時,對手的右臂會被擠到其胸前。為了成功實施三角絞,我需要用右手把對手右臂拉到自己右側。

⑤右腳翹起來,與左腿膝關節鎖在一起,兩腿膝關節儘量收緊,兩手抱住對手頭部往下拉,形成三角絞(圖 3-201)。

圖 3-200　　　　　　　　　圖 3-201

十八、十字固轉為三角絞的方法

雖然降服技術可以讓我們贏得勝利，但是訓練有素的對手通常也會盡力對抗我們的技術動作。所以要想成為優秀的 MMA 選手，必須懂得當一種降服技術失敗以後，怎樣轉換為另一種降服技術。

當我們打算使用十字固的時候，需要控制住對手的一隻手臂，如果對手意識到我們的動作目的，就會盡力抽回被控制的手臂。在這種情況下，我們可以立即轉換為三角絞，使對手防不勝防。

①從貼身纏抱防守的姿勢開始，對手（穿上衣者）兩臂彎曲，用肘關節夾住我身體側面進行壓制（圖 3- 202、圖 3-202 附圖）。

圖 3-202

圖 3-202 附圖

②為了實施十字固，我用左手把對手頭部向左側推開，右手轉移到對手左腿內側，右腿鈎住對手上體，左腿

圖 3-203

圖 3-204

膝關節頂住對手右側上臂，並往自己頭部方向提膝（圖 3-203、圖 3-204）。

③我提膝的動作會迫使對手右臂移動到我胸部中央，這時我用左手繼續撐住對手頭部，左腿由外向內沿順時針方向擺動，準備壓住對手頸部實施十字固（圖 3-205、圖 3-205 附圖）。

圖 3-205

圖 3-205 附圖

④對手趁我擺動左腿的時候迅速抽出右臂，並且為了
保持平衡，會用右手支撐地面，這就為我實施三角絞提供
了條件（圖 3-206、圖 3-206 附圖）。

圖 3-206　　　　　　　　圖 3-206 附圖

⑤當對手用右手支撐地面時，我立即轉換策略，彎曲
左腿鈎住對手頸部，然後用右腿膝關節壓住左腿踝關節
（圖 3-207、圖 3-207 附圖）。需要注意的是，對手的左

圖 3-207　　　　　　　　圖 3-207 附圖

臂此時恰好橫在其胸前，這是成功實施三角絞的條件之一。而為了防止對手左臂逃脫，我們需要儘量綣起身體，縮小腿部與上體之間的空間。

⑥左腳翹起來，與右腿膝關節穩固地鎖在一起，兩腿膝關節儘量收緊，兩手抱住對手頭部往下拉，形成三角絞（圖 3-208、圖 3-208 附圖）。

圖 3-208　　　　　　　　圖 3-208 附圖

十九、坐式纏抱防守時的「斷頭台」

形成坐式纏抱防守姿勢後，我可以運用翻轉臀部的方法奪取地面上位。為了阻止我的動作，對手可能會抱住我，試圖把我重新壓回地面，但同時，對手也會因此暴露頭部，讓我有機會實施「斷頭台」。

①以坐式纏抱防守的姿勢開始，為了獲取地面上位，我們鬆開原來鉤在一起的兩腳，用左腳和右臂支撐身體，左手按住對手左側肩部作為支點，上體沿順時針方向扭轉（圖 3-209）。

圖 3-209

②為了阻止我
們的翻轉動作，對
手用兩手抱住我，
試圖藉助上體的重
量把我壓回地面；
這時，對手頸部會
暴露出來，我即可
彎曲左臂鈎住對
手頸部，左手腕部
伸到對手下頜下
方（圖 3-210、圖
3-211）。

圖 3-210

圖 3-211

圖 3-212

③背部倒向地面，右手插進雙方身體之間的空隙扣住左手腕部；兩臂勒緊對手頸部，兩腳相互鈎緊，兩腿夾住對手腰部往下拽，形成「斷頭台」狀態（圖 3-212～圖 3-214）。

需要注意的是，右手不能鈎住對手左臂，否則容易被對手掙脫。

圖 3-213

圖 3-214

二十、坐式纏抱防守轉為背後纏抱的方法

形成坐式纏抱防守時，如果對手用拳法或者肘法攻擊，我可以向側面傾斜身體避開攻擊，並藉助對手攻擊動作的慣性把對手上體拉低，然後轉為背後纏抱的狀態。

①從坐式纏抱防守的姿勢開始，我用右臂肘部支撐身體，左手抵住對手左側肩部；這時對手收回左臂，準備用肘發動攻擊（圖 3-215）。

②對手用左肘攻擊時，我向右傾斜身體和頭部避開攻擊，同時用左手抓住對手左側肩部，藉助對手攻擊的慣性，把對手上體拉向地面（圖 3-216）。

圖 3-215

圖 3-216

③對手撲倒以後，我立即用右腳撐地，把髖部從對手身下移動到外側（圖 3-217）。

圖 3-217

④以右腳和左臂肘部作為支撐，身體向左翻轉，右手從背後抱住對手（圖 3-218）。

圖 3-218

⑤身體移動到對手背部以後，抬起右腿，跨到對手右側（圖 3-219）。需要注意的是，左腿應該鈎住對手左腿內側，這樣有利於背後纏抱。

⑥右腿移動到對手右腿內側，右臂從對手右側腋下抱緊對手，防止對手掙脫（圖 3-220）。完成這個步驟，就形成了背後纏抱的狀態。

圖 3-219

圖 3-220

第四節　半纏抱防守狀態下的對抗技術

所謂半纏抱防守，或稱半防守，是地面纏抱防守的一種表現形式，通常指處於地面下位的一方兩腿纏住上位對手一條腿的地面對抗狀態（圖3-221、圖3-221附圖）。

圖 3-221

相對於普通纏抱防守的姿勢而言，這種防守姿勢只完成了一半，所以謂之半纏抱防守。

從地面上位一方的角度來看，半纏抱上位的狀態介於普通纏抱上位與側面壓制之間，也可以說介於普通纏抱上位與騎乘姿勢之間。

圖 3-221 附圖

在這種狀態下，處於上位的一方可以獲得比普通地面上位更好的穩定性來實施拳法或者肘法攻擊，也可以設法解脫下位一方的纏抱，轉為側面壓制或者騎乘姿勢。而處

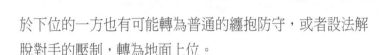

於下位的一方也有可能轉為普通的纏抱防守，或者設法解脫對手的壓制，轉為地面上位。

一、半纏抱上位狀態下的肘法攻擊

當我們處於半纏抱上位的時候，如果對手頭部疏於防守，那麼我們可以把對手頭部按在地面，用肘法實施打擊。實施肘法的關鍵在於盡可能藉助上體的重量增強攻擊力度，並且以肘尖接觸目標。擊中目標以後，如果條件成熟，還可以就此實施控制技術。

①以我（沒有穿上衣者）處於半纏抱上位的狀態開始，當對手兩腿纏住我右腿時，我可以用右手擋住對手左臂，左手把對手頭部按在地面，準備實施肘擊（圖3-222、圖3-222附圖）。

圖 3-222

圖 3-222 附圖

②左手從對手頭部滑開，並彎曲左臂，藉助上體的重量用肘尖攻擊對手左眼眶（圖3-223）。之所以攻擊對手

圖 3-223 圖 3-224

左眼眶,是因為如果以對手右眼眶作為目標,對手的本能反應是向左扭頭,以後腦朝向我,而後腦是禁止攻擊的部位。

③完成攻擊以後,左肘順勢撐在對手面部左側的地面(圖 3-224)。這時,可以根據實際需要,實施其他控制技術。

二、半纏抱上位轉為騎乘姿勢的方法

騎乘姿勢和側面壓制的姿勢都比地面纏抱狀態的上位更具優勢,所以只要有機會,我們應該考慮從地面纏抱上位轉換為這兩種姿勢之一。具體如何選擇,需要根據對手的反應和自己的技術特長而定。

①以我處於半纏抱上位的狀態開始,對手兩手抱住我頭部,兩腿纏住我右腿,而我藉助體重壓住對手,左臂摟住對手頭部,右臂從對手左側腋下抱住對手,兩手在對手左肩背後扣緊(圖 3-225、圖 3-225 附圖)。

| 圖 3-225 | 圖 3-225 附圖 |

②右腳蹬地，左肩頂住對手面部，然後臀部上翹，用左腳鉤住對手膝關節內側（圖 3-226、圖 3-226 附圖）。

| 圖 3-226 | 圖 3-226 附圖 |

③左肩繼續頂住對手面部，臀部向上抬高，用左腿把對手右腿壓在地面，解除對手對我腿部的纏抱動作（圖 3-227）。

圖 3-227

④左腿繼續壓住對手右腿，同時彎曲右腿膝關節，跨過對手左腿，使右腿轉移到對手身體外側（圖 3-228、圖 3-228 附圖）。需要注意的是，我的左肩仍然頂住對手面部，而且頭部貼近地面，這樣可以起到支撐作用，便於完成右腿的動作。

圖 3-228　　　　　　　　　　圖 3-228 附圖

⑤左腿從對手右腿上方移開，並使兩腿脛部貼在地面，防止對手利用缺口重新恢復腿部纏抱姿勢（圖 3-229、圖 3-229 附圖）。

圖 3-229　　　　　　　　　　圖 3-229 附圖

⑥兩腳跟在對手腿部下方收攏，完成騎乘姿勢轉換（圖 3-230、圖 3-230 附圖）。

圖 3-230　　　　　　　　　　圖 3-230 附圖

三、半纏抱上位轉為側面壓制的方法

半纏抱上位不僅可以轉換為騎乘姿勢，而且可以轉換為側面壓制的姿勢。兩種轉換方法的初始動作也幾乎相同。

①以我處於半纏抱上位的狀態開始，對手兩手抱住我頭部，兩腿纏住我右腿，而我藉助體重壓住對手，左臂從對手左肩摟住對手頭部，兩手在對手左臂背後扣緊（圖 3-231、圖 3-231 附圖）。

②右腳蹬地，左肩頂住對手面部，然後臀部上翹，用左腳鉤住對手膝關節內側（圖 3-232、圖 3-232 附圖）。

③左肩繼續頂住對手面部，臀部向上抬高，用左腿把對手右腿壓在地面，解除對手對我腿部的纏抱動作。與轉為騎乘姿勢不同的是，為了轉換為側面壓制，我需要彎曲

圖 3-231

圖 3-231 附圖

圖 3-232

圖 3-232 附圖

右腿膝關節,把右腿轉移到對手右側(圖3-233)。

需要注意的是,我的左肩仍然頂住對手面部,這樣可以起到支撐作用,便於完成右腿的動作。

圖 3-233

④右腿經過左腿下方移動到對手身體右側，左腿迅速從對手右腿上方轉移到地面，然後調整姿勢，使兩腿脛部貼在地面，髖部也儘量放平，形成側面壓制的姿勢（圖 3-234、圖 3-234 附圖）。

圖 3-234

圖 3-234 附圖

四、半纏抱防守轉為背後纏抱的方法

與普通纏抱對抗的狀態一樣，在半纏抱防守的狀態下，地面下位是劣勢位置。因此，轉換姿勢奪取優勢位置仍然是主要目標。如果能夠轉移到對手背後，就更容易向對手發動攻擊，而對手將難以防守，也難以反擊。

①從半纏抱防守的狀態開始，我（沒有穿上衣者）兩腿纏住對手右腿，而對手用左臂撐住我左肩（圖 3-235、圖 3-235 附圖）。

圖 3-235　　　　　　圖 3-235 附圖

②左臂從對手右臂下方抱住對手臀部右側，右手穿過對手左腿內側抱住對手臀部左側。收緊兩臂，使雙方身體貼在一起，防止對手干擾我的轉換動作（圖 3-236、圖 3-236 附圖）。

③左臂抵住對手臀部，用力把對手身體往頭部方向抬，上體向右滾轉，左腿鈎住對手右腿（圖 3-237）。

圖 3-236

圖 3-236 附圖

圖 3-237

④以右臂肘部撐地，左臂抱住對手借力，上體向右翻轉，從對手身下解脫出來（圖 3-238）。

圖 3-238

⑤以右腿膝部作為支撐跪起來，並用右腿取代左腿鈎住對手右腿，上體繼續移動到對手背面，左腿準備跨到對手左側（圖 3-239）。

圖 3-239

⑥左腿跨到對手左側，並從內側鈎住對手左腿，上體壓在對手背部，兩手環抱對手上體，形成背後纏抱的姿勢

圖 3-240

圖 3-240 附圖

（圖 3-240、圖 3-240 附圖）。

五、半纏抱防守轉為側面壓制的方法

從半纏抱防守轉為背後纏抱的過程中，如果對手意識到我的戰術目的，那麼就會努力阻止我翻轉到其背面。遇到這種情況，我可以立即改變策略，轉為側面壓制。

①從半纏抱防守的狀態開始，我（沒有穿衣服者）用左臂從對手右臂下方抱住對手臀部右側，右手穿過對手左

腿內側抱住對手臀部左側，用力把對手身體往頭部方向抬，同時彎曲左腿，鉤住對手右腿（圖 3-241）。

②當我們上體從對手身下解脫出來，準備轉移到對手背面時，對手用右臂鉤緊我們左臂，並藉助體重壓住我，阻止了我的動作（圖 3-242）。

圖 3-241

圖 3-242

③我立即轉換策略，上體靠回地面，並順勢向左滾轉（圖 3-243）。

圖 3-243

④彎曲左腿頂住對手右腿後側，配合兩臂，用力把對手掀翻在我左側（圖 3-244）。

圖 3-244

⑤掀翻對手以後，我立即順勢向左滾轉壓住對手，形成側面壓制的姿勢（圖 3-245、圖 3-246）。

圖 3-245　　　　　　　　　　圖 3-246

第五節　側面壓制狀態下的對抗技術

　　所謂側面壓制，也被稱為半騎乘姿勢，是指處於地面上位的一方從下位對手身體側面實施控制技術進行壓制的地面對抗狀態。

　　實施側面壓制的時候，典型的姿勢是藉助體重壓住對手上體，使雙方身體形成近乎垂直的角度，膝部頂住對手身體側面，兩手纏抱住對手（圖 3-247、圖 3-247 附圖）。

圖 3-247　　　　　　　　　　圖 3-247 附圖

在 MMA 比賽中，為了配合不同的戰術運用，兩腿可以向後伸展，並用腳尖作為支撐，而手臂可以壓在對手胸部或者咽喉部位。

與先前介紹的地面對抗姿勢一樣，側面壓制也有上位和下位之分。如果我們處於側面壓制的上位，那麼既可以實施降服技術，也可以用拳法、肘法甚至膝法打擊對手。然而，任何對手都不會躺在地面任人擺佈，相反還會努力嘗試從劣勢位置解脫出來，所以為了獲得更大的優勢，有的選手還會選擇從側面壓制轉換為騎乘姿勢。而如果處於下位，那麼可選擇的餘地就很有限，雖然也可能找到機會實施降服技術，但更多選手會尋找機會形成纏抱防守，或者設法恢復站立姿勢。

一、側面壓制狀態下的拳法攻擊

雖然側面壓制可以為降服技術提供良好的條件，但降服技術並非是獲取勝利的唯一手段。如果條件允許，我們也可以考慮用拳打擊對手，這樣不僅可以消耗對手的體力，為運用降服技術創造更好的條件，而且還有可能直接擊潰對手贏得勝利。

①從側面壓制的狀態開始，我用左臂抱住對手頭部，右臂從對手左臂下方鉤住對手肩部，兩手扣在一起，而對手兩臂抱住我上體，阻礙我實施打擊（圖 3-248）。

②為了給拳法攻擊創造空間，我從對手頭部下方抽出左臂，然後用左手腕抵住對手右側下頜用力推，使對手頭部轉向左側，同時也使對手鬆開兩手（圖 3-249）。

圖 3-248

圖 3-249

③對手鬆手以後，我立即收回左臂，用左手把對手右臂按在地面，然後把左腿縮到左臂下方，準備用左腿壓住對手右臂（圖 3-250）。

圖 3-250

④收緊左腿膝關節，並穿過與對手身體之間的空隙，用左腿脛部壓住對手右側上臂（圖 3-251）。

圖 3-251

⑤右手繼續控制住對手左肩，同時收回左臂，準備用拳攻擊對手（圖 3-252）。

圖 3-252

⑥肩部沿順時針方向扭轉，用左拳由上而下攻擊對手面部（圖 3-253）。在這種情況下，對手很難進行有效的防守。而如果我們能夠連續向對手頭部施以重擊，很有可能就此擊潰對手贏得勝利。

圖 3-253

二、側面壓制狀態下的肘法攻擊

當我們從側面壓制住對手的時候，如果實施降服技術的條件尚未成熟，那麼除了用拳攻擊對手之外，還可以考慮用肘法或者膝法削弱對手的抵抗力。

①從側面壓制的狀態開始，我（沒穿上衣者）向後伸展兩腿，從對手右側壓住對手上體（圖 3-254、圖 3-254 附圖）。

圖 3-254

圖 3-254 附圖

②右手伸到對手左側，準備按住對手左臂，同時收回右腿，用膝部抵在對手髖部右側，防止對手扭轉身體擺脫控制（圖 3-255、圖 3-255 附圖）。

圖 3-255

圖 3-255 附圖

③右手按住對手上臂靠近肘關節的位置，然後以右腿膝關節作為支撐，伸直左腿和右臂。這樣既可以把身體撐起來，又可以把對手左臂控制在地面（圖 3-256）。

需要注意的是，左手應該按住對手面部，防止對手扭頭避開攻擊。另外，右手虎口應該朝向對手左臂的手掌方向，這樣即使發生滑動，也能保持去控制局面。

圖 3-256

④左手從對手面部滑開，同時彎曲左臂肘關節，藉助體重，用肘尖攻擊對手右側眼眶（圖 3-257）。

圖 3-257

⑤完成攻擊以後，左肘落在對手面部左側，上體重新壓住對手，恢復為側面壓制的初始狀態（圖 3-258）。

圖 3-258

三、側面壓制狀態下對頭部的膝法攻擊

從側面壓制住對手時，不僅可以用肘實施攻擊，也可以用膝攻擊對手。如果用膝擊中對手頭部，很可能還會取得決定性的勝利。以對手頭部作為膝擊目標時，我們應該用距離對手頭部最近一側的膝關節進行攻擊。而且為了增強攻擊力度，需要盡可能地藉助重力的作用實施膝擊。

①從側面壓制的狀態開始，向後伸展兩腿，從對手右側壓住對手上體，右手抵在對手髖部右側（圖 3- 259、圖 3-259 附圖）。

圖 3-259

圖 3-259 附圖

②收起右腿，兩手撐地，以右腿膝關節作為支點，把臀部和左腿抬起來；重心前移，讓頭部貼近地面，同時用左臂抵在對手面部左側，防止對手逃脫（圖 3-260）。

圖 3-260

③左腿向後抬高，以便利用重力實施攻擊（圖 3-261）。

圖 3-261

④彎曲左腿膝關節，藉助左腿下落的力量攻擊對手右側面部（圖 3-262）。

圖 3-262

⑤完成攻擊以後，放低臀部，使髖關節平貼地面，恢復側面壓制的狀態（圖 3-263）。

圖 3-263

四、側面壓制狀態下對上體的膝法攻擊

在側面壓制的狀態下，用膝攻擊對手上體不一定能取得決定性的勝利，但這仍然是一種消耗對手體力的有效手段。當對手疲於應對攻擊的時候，我們就可以轉而實施降服技術，或者也可以轉換為騎乘姿勢，繼續打擊對手。與攻擊對手頭部不同的是，如果選擇以對手上體作為目標，我們就應該用接近對手腿部一側的膝關節進行攻擊。

①以側面壓制的狀態開始，向後伸展兩腿，從對手右側壓住對手上體，右手抵在對手髖部右側（圖 3-264、圖 3-264 附圖）。

②兩手撐在地面，以左腿膝關節作為支點，把身體撐起來，同時右腿向後伸展，準備實施膝擊（圖 3-265）。

③彎曲右腿膝關節，藉助右腿下落的力量攻擊對手上體右側（圖 3-266）。

圖 3-264

圖 3-264 附圖

圖 3-265

圖 3-266

④完成攻擊以後，放低臀部，恢復側面壓制的初始姿勢（圖 3-267）。

圖 3-267

五、側面壓制時的反向鎖臂

被稱為「木村鎖」的反向鎖臂技術是 MMA 比賽中使用率較高的降服技術之一，其表現形式多種多樣，不僅可以在纏抱防守的狀態下使用，而且也可以在實施側面壓制的過程中使用。

實施反向鎖臂技術的基礎是控制住對手的手臂。當我們從側面壓制住對手的時候，為了從劣勢位置解脫出來，對手可能會用一隻手臂擋在胸前，試圖把我推開，這時我就可以把握時機，抓住對手的手臂實施降服技術。

①以側面壓制的狀態開始，我向後伸展兩腿，從對手（穿深色上衣者）右側壓住對手上體；左臂肘部抵在對手面部左側，防止對手逃脫。為了把我們推開，對手彎曲右臂擋在胸前（圖 3-268、圖 3-268 附圖）。

圖 3-268　　　　　　　　　　　圖 3-268 附圖

②為了控制住對手左臂，我們需要把左腿移動到右腿下方，上體翻轉為左側向下壓住對手的姿勢，使右手得以抓住對手左手腕（圖 3-269、圖 3-269 附圖）。

圖 3-269　　　　　　　　　　　圖 3-269 附圖

③右手把對手左臂從胸前移開，左臂鉤進對手左臂內側（圖 3-270、圖 3-270 附圖）。

圖 3-270　　　　　　　　　圖 3-270 附圖

④左手按住右手腕，兩手配合，把對手左臂壓在地面。左腿從右腿下方滑出來，恢復側面壓制的初始姿勢（圖 3-271、圖 3-271 附圖）。

圖 3-271　　　　　　　　　圖 3-271 附圖

⑤兩手繼續控制住對手左臂，伸展右腿，左腿跨到對手頭部左側（圖 3-272、圖 3-272 附圖）。

圖 3-272　　　　　　　　　　圖 3-272 附圖

⑥左腳蹬地，上體翻轉為右側向下的姿勢，同時藉助上體翻轉的力量，用左臂肘關節鉤住對手左臂向上抬高，左手按住對手左手腕向下壓，形成反向鎖臂的狀態（圖3-273、圖 3-273 附圖）。在這種情況下，對手左肩關節將承受極大的力量，而且很難解脫。

圖 3-273　　　　　　　　　　圖 3-273 附圖

六、側面壓制時的正向鎖臂

所謂正向鎖臂，是相對於「反向鎖臂」而言的稱謂，

其實質即柔術或柔道中的「腕緘」技術。從動作形態來看，被稱為「木村鎖」的反向鎖臂技術可以看作是反向的「腕緘」，而「腕緘」也就相當於反向的「木村鎖」。

正向鎖臂和反向鎖臂都是利用槓桿原理對上肢實施的降服技術，都可以造成嚴重的關節損傷，所以在練習時需要放慢動作，以便訓練夥伴及時回饋，避免受傷。

與反向鎖臂的技術一樣，實施正向鎖臂的時候，需要根據雙方的相對位置來區分左手和右手的動作。如果我們從對手右側壓制對手，那麼就用左手抓住對手左手腕；而如果從對手左側實施正向鎖臂，就需要用右手抓住對手右手腕。

①從側面壓制的狀態開始，我從對手右側壓制對手；為了便於控制住對手左臂，我們需要把上體翻轉為背部朝向對手腿部的姿勢壓住對手；兩腿打開保持平衡，右臂肘部抵在對手髖部左側，防止對手逃脫（圖 3-274）。

②左手抓住對手右手腕，把對手右臂移到我兩腿之間，同時抬起左腿，準備鉤住對手右臂（圖 3-275）。

圖 3-274

圖 3-275

③左腿膝關節鉤住對手右臂，然後向後收腿，控制住對手右臂（圖 3-276）。

④右臂肘關節鉤住對手左臂，左手準備轉移到對手左手腕內側（圖 3-277）。

圖 3-276　　　　　　　　　　圖 3-277

⑤轉動髖部，使髖部放平，上體隨之轉為平貼對手的狀態。左手按住對手左手腕，右手鉤住對手左肘（圖 3-278）。

圖 3-278

⑥右手按住左手腕，兩手藉助上體的重量把對手左手腕壓在地面；兩臂往我身體方向收緊，右臂以左手腕作為支點，用肘關節鉤住對手左臂向上撬，形成鎖臂的狀態（圖 3-279、圖 3-279 附圖）。

圖 3-279

圖 3-279 附圖

七、側面壓制轉為騎乘姿勢的方法

在地面對抗的狀態下，位置和姿勢對於選手的技術發揮有至關重要的作用。更好的位置意味著更大的優勢。

雖然側面壓制上位已經是優勢位置，但是騎乘姿勢可以為我們打擊對手和實施降服技術提供更靈活的選擇。因此，即使可以從側面壓制的狀態下實施降服技術，但一些熟悉地面技術的選手還是更願意把側面壓制當作一種過渡姿勢，一旦找到機會就轉換為騎乘姿勢。

如果對手不擅長地面技術或者防守有所鬆懈，那麼我們只需控制住對手上體，然後直接從側面壓制的位置跨過對手身體，就可以形成騎乘姿勢，這種簡單的轉換方法幾

MMA

乎不需要過多說明。但如果對手接受過地面技術的訓練，很可能會利用腿部阻礙我的動作。在這種情況下，我們就需要運用一點技巧，才能完成轉換動作。

①以側面壓制的狀態開始，我從對手（穿上衣者）左側壓住對手上體，準備轉為騎乘姿勢。而對手把右腿搭在左腿上，試圖阻礙我們的動作（圖 3-280、圖 3-280 附圖）。

圖 3-280

圖 3-280 附圖

②為了便於跨過對手身體，我要用左手把對手右腿壓低（圖 3-281、圖 3-281 附圖）。

圖 3-281　　　　　　　　　　圖 3-281 附圖

③壓低對手腿部以後，立即抬起左腿，準備跨過對手上體（圖 3-282）。

圖 3-282

④左腿迅速跨過對手身體，然後兩膝跪地，兩腳在對手腿部下方合攏，確保穩固的姿勢，這樣就完成了整個轉換動作（圖 3-283）。

圖 3-283

八、側面壓制轉為跪式騎乘的方法

所謂跪式騎乘，是指單腿跪在對手腹部或者胸部的姿勢。雖然這種姿勢常被看作側面壓制與騎乘姿勢之間的過渡姿勢，但從技術發揮的角度來看，跪式騎乘姿勢與標準騎乘姿勢效用相當。

許多在標準騎乘姿勢下運用的擊打技術和降服技術，同樣也可以在跪式騎乘姿勢下運用。

在 MMA 比賽中，跪式騎乘姿勢可以為戰術運用提供靈活的選擇。如果遇到擅長地面技術的對手，我們可能很難直接從側面防守迅速轉換為騎乘姿勢。

在這種情況下，可以先形成跪式騎乘姿勢，待時機成熟再過渡為標準的騎乘姿勢。而如果場上形勢發生轉變，

我們也可以從跪式騎乘恢復為側面壓制的姿勢，繼續保持地面上位的優勢。

①以側面壓制的狀態開始，我向後伸展兩腿，從對手右側壓住對手上體（圖 3-284）。

圖 3-284

②右手按住對手腹部，左手抵住對手咽喉，兩手同時用力，把上體撐起來（圖 3-285）。

圖 3-285

③伸直兩臂，同時彎曲右腿，用膝部或者腿脛跪在對手腹部，形成跪式騎乘的姿勢（圖3-286）。

圖 3-286

④形成跪式騎乘姿勢以後，即可左右開弓，用拳連續攻擊對手頭部，待時機成熟便轉為騎乘姿勢（圖3-287、圖 3-288）。

圖 3-287

圖 3-288

九、側面壓制下位轉為纏抱防守的方法

在地面對抗的狀態下，不管對手用怎樣的姿勢壓住我，下位始終都是劣勢位置。如果對手從側面壓住我，最

理想的應對方式就是轉為上位，或者設法恢復站立姿勢。而如果暫時不能實現這兩個目標，那麼我們可以先轉為相對容易實現的纏抱防守狀態，因為從地面下位的角度來看，纏抱防守可以為我們扭轉劣勢提供更多的可能性。

①以對手（穿上衣者）從我右側實施壓制的狀態為例，為了轉為纏抱防守，我可以先彎曲左腿，用左腳踩在地面（圖 3–289）。

圖 3–289

②左腳撐地，兩手抵住對手髖部兩側，臀部向後縮，使雙方身體隔開足夠距離，為右腿活動創造空間（圖 3–290）。

圖 3–290

③彎曲右腿，把右腿膝關節移動到對手身體左側，然後抬起髖部，用左腿鈎住對手上體（圖 3-291、圖 3-291 附圖）。

圖 3-291

圖 3-291 附圖

④左手抱住對手頸部，臀部向右側滑動，把右腿從對手身體下方撤出來（圖 3-292、圖 3-292 附圖）。

圖 3-292

圖 3-292 附圖

⑤左手繼續抱住對手頸部，擺動右腿鈎住對手上體，並使右腳搭在左腳上，兩腳相互鈎緊，形成纏抱防守的姿勢（圖3-293）。

圖3-293

十、從側面壓制下位恢復站立姿勢的方法

當我們處於側面壓制下位的時候，雖然也能找到機會實施降服技術，但是可選擇的餘地畢竟很有限，而且還要提防對手的攻擊。因此，當被對手從側面壓制時，一些MMA選手更傾向於設法恢復站立姿勢，然後再繼續比賽。

①以對手從我右側實施壓制的狀態為例，為了恢復站立姿勢，我可以先彎曲左腿，用左腳踩在地面（圖3-294）。

②左腳撐地，兩手抵住對手髖部兩側，臀部沿逆時針方向從對手身下滑出來（圖3-295）。

圖 3-294

圖 3-295

③身體向右翻轉，
使上體和髖部朝向地
面（圖 3-296）。

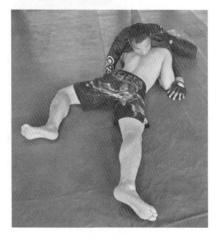

圖 3-296

④為了防止對手趁機壓在我身上轉為背後纏抱，我迅速以右腿膝關節作為支撐，收回左腿，準備站起來（圖3-297、圖3-298）。

圖 3-297

圖 3-298

⑤左腳站穩以後，右腳也立即站起來，並調整身體各部位的姿勢，恢復為站立警戒勢（圖3-299）。

圖 3-299

第六節　騎乘狀態下的對抗技術

所謂騎乘，是指處於地面上位的一方跨騎在下位一方腹部或者胸部的狀態。騎乘姿勢是許多具備巴西柔術訓練背景的選手青睞的地面對抗姿勢，因為騎在對手身上的時候，我們可以實施多種類型的降服技術和擊打技術，而對手卻很難進行有效的反擊。

在 MMA 比賽中，騎乘姿勢可以有多種表現形式：

1. 貼身騎乘

如果想要獲得最佳的穩定性，我們可以全撲在對手身上，並用手臂抱住對手頭部，同時尋找機會運用降服技術（圖 3-300）。

圖 3-300

2. 壓頸騎乘

如果打算用拳法攻擊對手，我們可以用一隻手抵住對

手頸部,另一隻手實施攻擊(圖 3-301)。在打擊對手的同時,也可以根據對手的反應來選擇適當的降服技術加以應用。

圖 3-301

3. 直立騎乘

如果希望在攻擊對手的同時獲得更好的靈活性,我們可以直起上體,使兩手處於完全自由的狀態(圖 3-302)。在這種姿勢下,不僅可以用拳攻擊對手,而且可以實施降服技術,甚至還可以設法轉為背後纏抱的狀態。但需要注意的是,這時我們的重心相對偏高,必

圖 3-302

須提防對手通過破壞我們的平衡找機會逃脫。

對於上位一方來說，進入騎乘狀態以後，保持姿勢的穩固是很重要的，因此需要儘量放低髖部，利用體重壓在對手身上，使對手難以正常呼吸，同時用兩腿鉤住對手腿部，防止對手逃脫。而在發動攻擊的時候，可以採取多種技術相互配合的策略，增加攻擊的成功率。

對於下位一方來說，如果被對手騎在身上，情況將會極為被動，不僅容易遭到對手攻擊，而且也將消耗大量體力。所以，一旦處於騎乘下位，我們必須要立即設法解脫。

一、解除頸部纏抱轉為肘法攻擊

進入騎乘狀態以後，如果對手兩臂纏抱住我頸部，那麼我們不僅難以實施有力的攻擊，而且還容易讓對手翻轉為上位。遇到這種情況，我們首先需要為攻擊動作創造活動空間，然後再實施打擊對手。

①從貼身騎乘的狀態開始，對手兩臂分別繞過我右側肩部和左側腋下，兩手相扣抱住我頸部，阻止我直起上體（圖3-303）。

圖 3-303

②為了創造活動空間，我們先用左手撐在地面，右手伸進雙方身體之間的空隙，用手掌把對手下頜頂開（圖3-304）。

圖 3-304

③伸開右手掌按住對手面部，把對手頭部壓向地面，使對手鬆開原來扣在一起的兩手（圖3-305）。

④左手替換右手，把對手頭部按在地面，準備用右肘發動攻擊（圖3-306）。

圖 3-305　　　　　　　　　　圖 3-306

⑤收回右臂，並直起上體，然後藉助身體的重量，用右肘攻擊對手面部（圖3-307、圖3-308）。完成攻擊以

圖 3-307　　　　　　　　　　圖 3-308

後，我們既可以用同樣的方式繼續攻擊對手，也可以根據場上形勢選擇適當的降服技術加以實施。

二、解除上體纏抱轉為肘法攻擊

對於處於下位的選手來說，纏抱是一種很好的防守策略，因為對手被纏抱的時候難以使打擊力量最大化。當我騎在對手身上的時候，如果對手從我腋下抱住我上體，那麼在 MMA 規則允許的範圍內，我將難以實施有威脅性的打擊。所以和頸部被纏抱的情況一樣，我需要先創造足夠的活動空間，然後才能實施攻擊。

①從貼身騎乘的狀態開始，對手兩臂分別從我兩側腋下抱住我上體，使我難以發動有力的攻擊（圖 3-309）。

②為了創造活動空間，我先用左手把身體撐起來，同時把右手移到對手面部，準備把對手頭部壓向地面（圖 3-310）。

圖 3-309　　　　　　　　圖 3-310

③用力伸直右臂，把對手頭部壓向地面，迫使對手鬆手，解除纏抱狀態（圖 3-311）。

④左手替換右手抵住對手頸部，收回右手，準備實施肘擊（圖 3-312）。

圖 3-311　　　　　　　　圖 3-312

⑤彎曲右臂肘關節，藉助上體的重量用肘尖攻擊對手面部（圖 3-313）。另外也可以用拳法實施打擊。

圖 3-313　　　　　　　　圖 3-314

三、騎乘狀態下的拳肘組合攻擊

當我騎在對手身上時，為了避開攻擊，對手會左右擺動頭部，使我不能輕易擊中目標。在這種情況下，我可以用一隻手壓在對手頸部，然後再根據自己擅長的技術，用直拳或者砸拳打擊對手面部。而如果條件允許的話，也可以用肘法進行攻擊。

不過，即便拳肘組合攻擊的方法有可能重創對手，但對手也絕不會躺在地面讓我任意攻擊，相反還會嘗試破壞我的平衡，以便從劣勢位置解脫出來。所以實施拳法或者肘法攻擊的時候，我們還需要隨時注意調整平衡，並隨時準備根據場上形勢的變化實施降服技術，或者轉為背後纏抱的姿勢。

①從騎乘狀態開始，實施攻擊之前，我可以伸直左臂，用虎口抵在對手頸部，並藉助體重用力下壓（圖 3-314）。這樣既可以防止對手擺動頭部避開攻擊，也可以

切斷對手的正常呼吸。

②抬起右臂，以砸拳或者直拳打擊對手左眼眶（圖3–315、圖3–316）。

圖 3–315　　　　　　　　　圖 3–316

③收回右臂，藉助上體下俯的動作，用肘尖打擊對手左眼眶（圖 3–317、圖 3–318）。

圖 3–317　　　　　　　　　圖 3–318

④再次收回右臂，隨即用直拳打擊對手左眼眶（圖 3-319、圖 3-320）。

需要注意的是，我們每次攻擊都要針對同一處目標，這樣可以使攻擊效果最大化。

圖 3-319　　　　　　　圖 3-320

四、拳法攻擊轉為十字固

騎乘上位被許多 MMA 選手視為最佳的地面對抗位置，因為除了拳法和肘法等擊打技術以外，還可以運用多種降服技術。

在騎乘狀態下，十字固是最常用也是最有效的降服技術之一，尤其適合對付不熟悉地面技術的對手。如果對手缺乏系統的地面技術訓練，那麼當我們騎在對手身上用拳攻擊的時候，其本能反應往往是伸出手臂試圖把我們推開，這就為我們使用十字固提供了機會。

①從騎乘狀態開始，我可以伸直左臂，用虎口抵在對手頸部，並藉助體重用力下壓（圖 3-321）。

圖 3-321

②收回右臂，然後用右拳攻擊對手左眼眶（圖 3-322、圖 3-323）。

圖 3-322   圖 3-323

③當我們再次抬起右臂時，出於本能反應對手會伸出兩臂，試圖進行格擋（圖 3-324）。

圖 3-324

④對手伸出手臂時，我立即收起左腿，用左腳踩在地面，同時沿逆時針方向轉動髖部，並用右手控制住對手左臂，防止對手縮手（圖 3-325、圖 3-325 附圖）。

圖 3-325

圖 3-325 附圖

⑤右腿迅速跨過對手頭部踩在地面，臀部坐在對手左肩，防止對手逃脫（圖 3-326）。

圖 3-326

⑥右手鈎住對手左臂，使對手左臂貼近我胸部，上體準備倒向地面（圖 3-327、圖 3-327 附圖）。

圖 3-327　　　　　圖 3-327 附圖

⑦上體倒向地面，兩手抓緊對手左臂拉到我胸部，並把對手左臂扭轉為肘關節內側朝上，拇指朝下的狀態，然後合攏兩腿膝部，髖部向上挺，這樣可以發揮十字固的最大效果（圖 3-328、圖 3-328 附圖）。

圖 3-328

圖 3-328 附圖

五、拳法攻擊轉為正向鎖臂

柔術和柔道中稱為「腕緘」的正向鎖臂技術是騎乘狀態下最基礎的降服技術之一。正如之前所述,這種技術可以造成嚴重的關節損傷,所以在練習時需要放慢動作,避免訓練夥伴受傷。

當我們騎在對手身上用拳進行攻擊的時候,要根據對手的反應來選擇適當的後續技術。如果對手伸出手臂,我

們就有機會使用十字固。而如果對手用兩手護住頭部，我們則可以用正向鎖臂的技術來降服對手。

①從騎乘姿勢開始，我用左拳發動攻擊，而對手則用兩手護住頭部（圖 3-329）。

圖 3-329

②雖然我們可以左右交替地用拳繼續攻擊對手，但地面對抗的基本原則之一是只要有機會，就實施降服技術，所以這時應立即調整策略，用右手抓住對手右手腕（圖 3-330、圖 3-330 附圖）。

圖 3-330

圖 3-330 附圖

③藉助上體的重量，用右手把對手右臂壓在地面（圖
3-331、圖 3-331 附圖）。

圖 3-331　　　　　　　　　　圖 3-331 附圖

④右手肘關節擦過對手面部撐在地面，同時左手插
進對手右臂下方的空隙，準備配合右手實施鎖臂（圖
3-332、圖 3-333）。

圖 3-332　　　　　　　　　　圖 3-333

⑤左腳撐地，使身體重心向右側偏轉，同時用左手握住右手腕，兩手一起用力，把對手右手腕壓在地面，並由槓桿杆作用，用左臂把對手右臂肘關節向上撬起來，這樣可以最大限度地發揮鎖臂的效果（圖 3-334、圖 3-334 附圖）。

圖 3-334

圖 3-334 附圖

六、拳法攻擊轉為肩固

肩固也被稱為手臂三角絞，是借鑒自柔道的一種降服技術，要求我們用手臂勒住對手頭部和一隻手臂，從而阻斷對手頸動脈的血液流通，迫使對手認輸。

當我騎在對手身上用拳進行攻擊的時候，如果對手用兩手護住頭部，那麼除了正向鎖臂的技術之外，我們還可以運用肩固來降服對手。

①從騎乘姿勢開始，我用右拳發動攻擊，這時對手會彎曲兩臂肘關節護住頭部（圖 3-335、圖 3-336）。

圖 3-335　　　　　　　　　　圖 3-336

②收回右臂，做出再次用拳攻擊對手面部的姿態，同時用左手擠進對手兩肘之間，壓住對手頸部（圖 3-337）。

圖 3-337

③右拳下落的時候，立即轉換手型，用右手把對手左臂推向其頸部，同時上體向對手左側前傾（圖3-338、圖3-339）。

圖3-338　　　　　　　　　　　圖3-339

④左臂從對手頸部下方的空隙穿過，抱住對手頭部，右手與左手相互握緊，同時收緊兩臂，並用頭部抵在對手頭部左側，防止對手左臂掙脫（圖3-340）。

圖3-340

⑤左腿從對手身體右側移開，準備轉移到對手左側
（圖 3-341、圖 3-341 附圖）。需要注意的是，轉移到對
手左側之前，必須先確保兩臂勒緊對手，否則對手可能會
在我移動左腿的時候逃脫。

圖 3-341

圖 3-341 附圖

⑥身體轉移到對手左側，髖部平貼地面，藉助體重壓住對手，同時儘量收緊兩臂，迫使對手認輸（圖 3-342、圖 3-342 附圖）。

圖 3-342

圖 3-342 附圖

七、騎乘狀態下的三角絞

雖然從地面下位實施三角絞的情況更為常見，但事實上，三角絞也可以在騎乘狀態下運用，而且比想像中的容易。

①從貼身騎乘的狀態開始，我用右臂抱住對手頭部，左臂撐在地面保持穩定（圖3-343）。

圖3-343

圖3-344

②右腿移動到對手左側腋下，抵住對手左臂。左手把對手右臂按在地面，然後伸展左臂，使身體向右略微傾斜（圖3-344）。

③左腳越過對手左臂，踩在對手頭部右側，然後用右手握住左腳踝關節（圖3-345）。

圖3-345

④用右臂肘部把對手頭部向上抬離地面，然後迅速用左腿鈎住對手頭部（圖 3-346）。

圖 3-346

⑤身體向左傾斜，右腿擺動到左腳前方（圖 3-347）。

圖 3-347

⑥右腿膝關節鈎住左腳，然後迅速向後收回右腿（圖 3-348、圖 3-348 附圖）。

⑦右手抓住對手左手向左推，使對手左臂橫在其頸部（圖 3-349、圖 3-350）。

圖 3-348

圖 3-348 附圖

圖 3-349

圖 3-350

⑧兩手抱住對手頭部向上拉抬，形成三角絞（圖 3-351）。

圖 3-351

八、騎乘姿勢轉為背後纏抱的方法

　　當我們騎在對手身上，用肘法或者拳法攻擊對手面部時，對手會全力進行防守，其中常見的一種動作就是扭轉身體，用上體的側面甚至背面朝向我。雖然這種動作可以在一定程度上保護面部，但也讓我有機會借此轉為背後纏抱。

　　從騎乘姿勢轉為背後纏抱的時候，需要快速地完成轉換，否則對手可能會以轉體的動作破壞我的平衡。而如果對手重新扭轉身體，回到背部貼地的狀態，那麼我們也應該恢復為騎乘姿勢，確保上位優勢。

　　①從騎乘姿勢開始，我用左手抵在對手頸部，然後用右肘向下攻擊對手面部（圖 3-352、圖 3-353）。

圖 3-352

圖 3-353

②為了避免面部再次
受到打擊，對手向右扭轉
身體，我可以把臀部略微
抬起來，故意讓對手完成
轉體的動作（圖 3-354）。

圖 3-354

③當對手背部轉向我以後，我立即俯身壓在對手身
上，同時用左臂從對手左側腋下抱住對手（圖 3-355、圖
3-355 附圖）。

圖 3-355

圖 3-355 附圖

④出於本能的反應，對手這時往往會繼續轉動身體，這時我立即用右臂從對手右側腋下抱住對手，兩腿分別從內側鉤住對手兩腿，完成轉換動作（圖 3-356、圖 3-356 附圖）。

圖 3-356

圖 3-356 附圖

九、騎乘下位防守拳法攻擊的方法

當對手騎在我們身上並用拳攻擊時，如果我用手臂進行格擋，那麼對手很可能會趁機控制住我的手臂，隨即實施降服技術，因此更為安全的防守策略是設法抱住對手，使對手與自己進入貼身的狀態。在雙方貼身的狀態下，對手難以實施有力的拳法攻擊，而我則有機會進一步形成纏抱防守的狀態，或者設法翻轉為地面上位。

①從我處於騎乘下位的狀態開始，對手抬起右臂，準備用右拳攻擊我面部（圖 3-357）。

圖 3-357

②在對手藉助體重向下出拳時，我立即收起兩腿，同時髖部向上挺起來（圖 3-358）。這種動作可以干擾對手的重心，使對手向前撲倒。

圖 3-358

圖 3-359

③對手向前撲倒時，會用手臂支撐地面，這時我即可抬起上體，用兩臂抱住對手，兩手在對手身後扣緊（圖 3-359、圖 3-360）。之後，就可以根據需要實施後續技術了。

圖 3-360

十、騎乘下位轉為地面上位的方法

在 MMA 比賽中，如果被對手騎在身上，那麼我們可以抱住對手某一側的手臂和腿部，然後挺起髖部，翻轉為地面上位。由於運用這種方法的時候需要把髖部挺起來，看上去形似拱橋，因而這種動作被稱為「橋」，也可以稱其為「橋式翻轉」。

由橋式翻轉完成位置轉換以後，雖然我們可能會被對手用纏抱防守的方法抱住，但總比被對手騎在身上要好得多。

①從我處於騎
乘下位的狀態開
始，對手上體壓在
我身上，我用左臂
從對手右側腋下抱
住對手上體，同時
用右臂夾住對手左
臂（圖 3-361、圖
3-361 附圖）。

圖 3-361

圖 3-361 附圖

②左腳撐地，髖部挺起來，左臂向右擺動，身體用力
向右翻轉（圖 3-362）。為了防止對手用左臂和左腿撐在
地面阻止我的翻轉動作，我要用右腿壓住對手左腿，並用
右臂夾緊對手左臂。

圖 3-362

③身體繼續用
力翻轉,奪取地面
上位,把對手壓在
身下(圖 3-363、
圖 3-364)。

圖 3-363

圖 3-364

④完成位置轉
換以後,雖然對手
會立即進入纏抱防
守的狀態,但我已
經由守勢轉為攻
勢,可以考慮使用
進攻技術了(圖
3-365)。

圖 3-365

十一、騎乘下位解脫壓制的方法

當我們處於騎乘下位的時候，如果能夠順利地運用橋式翻轉，就可以奪取地面上位的優勢。但這種方法是否成功，取決於我們翻轉時的爆發力和對手的壓制能力。

如果對手用左臂和左腿撐在地面，我們的翻轉動作就有可能被阻止。在這種情況下，我們可以考慮用移動髖部的方法來實現解脫。

①從我處於騎乘下位的狀態開始，對手上體壓在我身上，我兩臂分別從對手兩側腋下抱住對手上體，兩手相互扣緊（圖 3-366）。

圖 3-366

②身體向右滾轉，以滾轉的動作把對手髖部撐起來，使雙方身體之間形成一定空隙，同時縮回左腿，為解脫做好準備（圖 3-367、圖 3-367 附圖）。

③身體彎成弓形，兩手分別抵在對手髖部兩側，把對手髖部往我腿部方向推開（圖 3-368）。

圖 3-367

圖 3-367 附圖

圖 3-368

④臀部向後縮，把髖部和左腿從對手身體下方解脫出來（圖 3-369）。

圖 3-369

⑤左腿解脫出來以後，身體重新轉為背部貼地的狀態，並用左腳抵在對手右側髖部（圖 3-370）。

⑥收回右腿，並用右腳抵在對手左側髖部（圖 3-371）。完成這個步驟以後，我們就完成了騎乘下位的解脫，可以就此轉為纏抱防守的狀態。如果場上形勢允許的話，甚至可以把對手蹬開，然後立即恢復站立姿勢。

圖 3-370

圖 3-371

第七節 「龜式纏抱」和「龜式防守」 狀態下的對抗技術

對手面部朝下，用四肢撐地，而我從對手側面或者身後纏抱對手上體的時候，對手的姿勢被稱為「龜式防守」。相對而言，我的姿勢可以稱為「龜式纏抱」（圖3-372）。

圖 3-372

形成「龜式纏抱」的時候，我的位置基本上是在對手身後，因而「龜式纏抱」也可以歸入廣義的背後纏抱。相比典型的背後纏抱，「龜式纏抱」的最明顯區別就是實施者兩腿沒有鈎住對手大腿內側。

當對手處於「龜式防守」的狀態時，我們可以用胸部或者前臂壓住對手，然後用拳法或者膝法攻擊對手，或者可以實施針對頸部的降服技術。

不過需要注意的是，「龜式纏抱」的控制效果不及典型的背後纏抱。如果想要獲得更好的控制效果，還要設法轉為典型的背後纏抱。

一、「龜式纏抱」狀態下的膝法攻擊

在「龜式纏抱」的狀態下，為了防止對手逃脫，主流的戰術思路是儘快用兩臂和兩腿纏抱對手，轉為典型的背後纏抱，然後用降服技術結束比賽。

但是如果對手身體蜷縮得很緊，肘部和膝部之間沒有足夠的空間讓我們完成手臂和腿部的纏抱動作，那麼我們可以先用膝攻擊對手頭部，轉移對手的防守重點，使對手肘部和膝部之間形成足夠的空間，然後再轉為背後纏抱。

而如果是對手因為體力不支才形成「龜式防守」，那麼我們就可以依次向對手的上體和頭部發動攻擊，爭取完全擊潰對手贏得比賽。

圖 3-373

①以我從對手右側實施「龜式纏抱」的情況為例，我用左臂抱住對手上體，右手擋在對手頭部左側，右腿向後伸展，為膝擊做好準備（圖3-373、圖 3-373 附圖）。

圖 3-373 附圖

圖 3-374

②面對可能的攻擊，對手的第一反應是用右手保護頭部，這樣就會暴露出上體右側。在這種情況下，我們可以抓住時機轉換為背後纏抱，或者用右手把對手頭部拉近，並用右膝攻擊對手右側肋部（圖 3-374）。

③對手上體右側受到攻擊以後，往往會收回右臂進行保護，同時也暴露出頭部，這時我就可以再次向後伸展右腿，準備攻擊對手頭部（圖 3-375）。

④用右手把對手頭部拉近，以便增強打擊力度，同時用右膝攻擊對手頭部（圖 3-376）。

圖 3-375

圖 3-376

二、「龜式纏抱」轉為背後裸絞的方法

　　背後裸絞是來自柔術和柔道的一種經典的降服技術，不管對手面部朝上還是面朝地面，我們都可以實施背後裸絞。典型的背後裸絞技術要求我們用兩腿鈎住對手髖部，彎曲右臂肘關節，從對手下頜下方勒住其頸部，並用右手握住左上臂，左手掌擋在對手後腦，然後收緊兩臂，壓迫對手頸動脈和氣管，迫使對手認輸（圖 3-377）。

圖 3-377

　　如果動作到位，背後裸絞可以在很短的時間內使對手窒息，所以在練習時需要密切注意訓練夥伴的回饋，避免訓練夥伴受傷。

　　在從「龜式纏抱」轉為背後纏抱的過程中，如果我們能夠控制住對手頸部，那麼就可以把背後裸絞的技術與轉換動作融為一體，使對手難以防範。

　　①以我從對手右側實施「龜式纏抱」的情況為例，為了防止我把右腿伸進其內圍實施背後纏抱，對手使肘部和膝部相互靠攏，但同時也暴露出頭部。這時我可以先用左

臂抱住對手上體，並用右拳攻擊對手頭部（圖3-378）。

②頭部受到打擊以後，對手會轉移右手保護頭部，使肘部和膝部之間出現空隙（圖3-379）。

圖3-378　　　　　　　圖3-379

③一旦對手肘部和膝部之間出現足夠的空隙，我就立即把右腿伸進對手身體下方，鈎住其右側髖部（圖3-380）。

圖3-380

④我用右腿鉤住對手的時候，對手往往會下意識地把右手從頭部收回，這樣又讓我有機會用右臂鉤住對手頸部（圖 3-381）。

圖 3-381

⑤完成右腿和右臂的動作以後，身體向右側傾倒，把對手翻轉到我身體上方（圖 3-382、圖 3-383）。

圖 3-382

圖 3-383

⑥兩腿鈎住對手髖部，右臂勒住對手頸部，同時彎曲左臂，用右手握住左上臂，左手掌擋在對手頭部，並收緊兩臂，形成背後裸絞（圖 3-384、圖 3-384 附圖）。

圖 3-384

圖 3-384 附圖

三、「龜式纏抱」轉為背後纏抱加拳法攻擊

以「龜式纏抱」為基礎，如果我們選擇轉換為騎在對手背上的纏抱姿勢，那麼完成轉換以後，還可以進一步把對手壓成腹部貼地的狀態，然後用拳法攻擊對手頭部。

①以我從對手右側實施「龜式纏抱」的情況為例，我們可以先用拳攻擊對手頭部，使其肘部和膝部之間漏出空隙，然後把右腿伸進對手身體下方，鉤住其右側髖部（圖3-385、圖3-386）。

圖 3-385

圖 3-386

②右腿就位以後，左腿立即從背後跨過對手，並從對手身體下方鉤住其左側髖部，形成背後纏抱的姿勢（圖3-387、圖 3-387 附圖）。

圖 3-387

圖 3-387 附圖

③形成背後纏抱的姿勢以後，髖部抵在對手背後向前挺，兩腿用力向後鉤，解除對手膝部的支撐，使對手由跪在地面的姿勢轉為腹部貼地的姿勢（圖 3-388、圖 3-388 附圖）。

圖 3-388

圖 3-388 附圖

④對手在身體正面貼地的情況下難以進行有效的防守，這時我就可以挺起上體，用拳向對手頭部側面發動攻擊（圖 3-389、圖 3-390）。如果能夠保持這種姿勢左右開弓地連續打擊對手，那麼很有可能就此贏得勝利。

圖 3-389　　　　　　　　　圖 3-390

四、從「龜式防守」恢復站立姿勢的方法

在「龜式防守」的狀態下，我們很容易遭到對手各種形式的攻擊，所以在這種情況下應該儘快恢復站立姿勢。

①以我處於「龜式防守」的狀態開始，對手從我左後方實施纏抱，而我兩手撐在地面，準備站起來（圖 3-391、圖 3-391 附圖）。

圖 3-391　　　　　　　　圖 3-391 附圖

②因為對手在我左側，所以我只能先讓右腳踏在地面（圖 3-392）。

③右腳支撐身體站起來，左腳跟上右腳的動作，恢復站立。與此同時，兩手拇指插進對手兩手與我身體之間，準備解除纏抱（圖 3-393）。

圖 3-392　　　　　　　　圖 3-393

圖 3-394

④右腳向前邁出一步，髖部向前挺，同時抓住對手兩手往下撐，解除纏抱（圖 3-394）。

⑤解除纏抱之後，立即沿逆時針方向轉體，並調整身體各部位的動作，恢復站立式警戒勢（圖 3-395）。

圖 3-395

五、從「龜式防守」解脫纏抱的方法

處於「龜式防守」狀態時，我們的解脫策略需要根據對手實施纏抱的能力而定。如果對手善於藉助體重實施壓制，使我不能恢復站立姿勢，那麼我們可以運用翻轉身體的方法轉換為地面防守的姿勢，從而削弱對手的位置優勢。

①從我處於「龜式防守」的狀態開始，對手從我左後方實施纏抱，並藉助體重壓在我背後，我兩手撐在地面，準備轉動身體（圖 3-396、圖 3-396 附圖）。

②因為對手的位置在我左側，所以我要順時針轉動身體，使左肩先接觸地面（圖 3-397）。

③以左肩作為支點，繼續轉動身體，使臀部從對手身下解脫出來（圖 3-398）。

圖 3-396　　　　　　　圖 3-396 附圖

圖 3-397

圖 3-398

④我們翻轉身體的動作會使對手鬆開兩手,這時就可以調整姿勢,使背部貼在地面(圖 3-399、圖 3-400)。

圖 3-399 圖 3-400

⑤抬起兩腿,形成地面防守的姿勢(圖 3-401)。完成這個步驟就實現了解脫。如果條件允許的話,可以就此用兩腿鉤住對手,轉為纏抱防守的狀態。

圖 3-401

第八節　背後纏抱狀態下的對抗技術

在地面對抗的狀態下，衡量某個位置或者姿勢是否更具優勢的標準，就是看是否更有利於攻擊和防守。如果某種位置比我們的當前位置更具優勢，就應該設法轉換到該位置。

雖然從理論上來說，地面優勢位置之間可以相互轉換，但從實踐來看，不同位置之間的轉換效果和難易程度還是有所差異的。關於地面優勢位置之間的轉換策略，擅長地面技術的巴西柔術家斯蒂芬·凱斯汀（Stephan Kesting）總結出這樣幾條經驗：

經驗一，如果處於地面纏抱上位，那麼可以設法解脫對手腿部的纏抱，然後轉為側面壓制；

經驗二，以側面壓制為基礎，可以選擇轉為跪式騎乘或者騎乘姿勢，具體需要根據對手的反應而定；

經驗三，以跪式騎乘為基礎，可以轉為騎乘姿勢或者直接轉換為背後纏抱；

經驗四，以騎乘姿勢為基礎，可以轉換為背後纏抱。

以上策略不僅適用於巴西柔術，而且也適用於 MMA 比賽。從這種遞進式的位置轉換策略中，我們也可以看到，地面纏鬥的終極狀態即是背後纏抱。

所謂背後纏抱，即一方從另一方背後實施纏抱。典型的背後纏抱姿勢要求我們用兩臂和兩腿從對手背後實施纏

抱，並且兩腿需要鈎住對手大腿內側。

在 MMA 比賽中，根據對手面部的朝向，背後纏抱可以分為以下幾種常見的情況：

①對手面部朝下，用兩肘和兩膝支撐身體，而我跨騎在對手背上，兩腿鈎住對手大腿內側，兩臂抱住對手上體（圖 3-402）。

圖 3-402

②對手面部朝上或者坐在地面，而我從對手背後實施纏抱，兩臂抱住對手上體，兩腿鈎住對手大腿內側（圖 3-403、圖 3-404）。

圖 3-403

圖 3-404

　　如果能夠從背後纏抱住對手，那麼不管對手是面部朝下還是面部朝上，我們都可以較為容易地鎖絞對手頸部，而對手卻看不到我們的技術動作。如果對手設法掙脫背後纏抱，我們可以立即轉換為騎乘姿勢或者側面壓制的姿勢，繼續保持優勢位置。

一、背後纏抱狀態下的裸絞

　　背後裸絞是一項能夠用較小的力量制服強壯對手的降服技術。不論對手多麼強壯、多麼兇猛、意志多麼堅強，如果我們成功地對其實施並保持穩固的背後裸絞，那麼就會有極大的獲勝幾率。

　　但儘管如此，由於 MMA 選手大都會用大量的時間學習降服技術及各種應對方法，所以要想成功地實施背後纏抱，還需要我們懂得如何解除對手的對抗動作。

　　①從背後纏抱的狀態開始，我坐在對手身後，用兩腿鉤住對手髖部，而對手用左手保護頭部，阻擋我的降服動

作。為了解除對手的
阻擋，我先用左手抓
住對手左手，同時右
手從對手右側腋下穿
過，並抓住對手右手
腕（圖 3-405）。

圖 3-405

②身體向右側倒向地面，左手把對手左臂往左腿方向
推，左腿迅速鉤住對手左臂（圖 3-406、圖 3-407）。

圖 3-406

圖 3-407

圖 3-408

③左腿鈎住對手左臂之後，左臂轉而勒住對手頸部；身體向左側滾轉，右手鬆開對手右腕，並轉移到對手頭部右側；用左手握住右上臂，右掌擋在對手頭部後側，然後收緊兩臂，形成背後裸絞（圖3-408）。

二、背後纏抱狀態下的三角絞

三角絞不僅可以在雙方面對面的情況下使用，而且也可以在背後纏抱的狀態下使用。當我們從對手背後用腿鈎住對手的手臂，準備實施背後裸絞時，如果對手試圖用翻轉身體的動作來解脫，那麼我們可以立即調整策略，轉而用腿從背後鈎住對手頸部實施三角絞。而如果時機成熟，還可以進一步轉換為十字固。

圖 3-409

①從背後纏抱的狀態開始，我坐在對手身後，用兩腿鈎住對手髖部，左手抓住對手左手，右手從對手右側腋下穿過並抓住對手右手腕（圖3-409）。

②身體向右側倒向地面，左手把對手左臂向左腿部方向推（圖3-410）。

③左腿迅速鈎住對手左臂，準備實施背後裸絞（圖3-411）。

圖3-410

圖3-411

④如果對手意識到我們的戰術目的，並向右轉動身體，試圖解脫，那麼這時我們可以立即調整策略，把左腿轉移到對手肩部（圖3-412）。

圖3-412

⑤左腿勒緊對手頸部，然後用右腿膝關節壓住左腿踝關節。右臂鉤住對手右臂，準備完成控制動作（圖 3-413）。需要注意的是，為了防止對手繼續轉動身體實現解脫，還需要用右腳抵在對手腹部。

圖 3-413

⑥兩手把對手右臂掰直並轉動上體，使背部貼地，形成三角絞的狀態（圖 3-414、圖 3-414 附圖）。

圖 3-414

圖 3-414 附圖

⑦形成三角絞的狀態以後，如果打算進一步轉為十字固，那麼我們可以先把左腿從右腿下方轉移到對手頭部上方（圖 3-415）。

圖 3-415

⑧左腿壓住對手面部，兩手控制住對手右臂，髖部向上挺，形成十字固（圖 3-416）。

圖 3-416

三、背後纏抱狀態下的十字固

如果對手熟悉背後裸絞的解脫方法，那麼從背後纏抱住對手以後，我們可以考慮運用十字固技術來降服對手。

　　①從背後纏抱的狀態開始，我坐在對手身後，用兩腿鉤住對手髖部，右手從對手右側腋下穿過，並抓住對手右手腕（圖 3-417）。

　　②左手替換右手抓住對手右手腕，然後再用右手抓住左手腕（圖 3-418）。

圖 3-417

圖 3-418

　　③左腿從對手前方收回，並抵在對手髖部左側作為支撐，上體準備向右側擺動（圖 3-419）。

圖 3-419

④兩手保持抓握的姿勢，上體擺動到對手右側，左臂繞過對手頭部，準備實施十字固（圖 3-420）。

圖 3-420

⑤背部貼向地面，並調整身體姿勢，使雙方身體交叉呈直角。右腿壓住對手身體，防止對手坐立起來（圖 3-421）。

圖 3-421

⑥右腿繼續壓住對手身體，左腿從對手身體下方移動
到對手頭部上方（圖 3-422）。

圖 3-422

⑦左腿壓住對手頭部，兩手把對手左臂拉到胸前，
兩腿膝關節相互靠攏，髖部向上挺，形成十字固（圖 3-
423）。

圖 3-423

四、背後裸絞的解脫方法

遭遇背後裸絞的時候，雖然我們的情況將會極為被動，但實施背後裸絞比解脫背後裸絞更消耗體力，如果我們按照正確的步驟來應對這種降服技術，那麼仍然有可能解脫出來，甚至轉被動為主動。

①從遭遇背後裸絞的狀態開始，對手兩腿鉤住我髖部，並用右臂勒住我頸部，兩臂配合實施背後裸絞（圖 3-424、圖 3-424 附圖）。

圖 3-424

圖 3-424 附圖

圖 3-425

②為了解除背後裸絞，我首先需要用左手把對手左臂從我頭部後側拽開，使對手不能繼續利用槓桿作用向我頸部施力（圖 3-425、圖 3-426）。

圖 3-426

③以左肩作為支點，把對手左臂向下拉直（圖 3-427、圖 3-427 附圖）。

圖 3-427

圖 3-427 附圖

④左手繼續控制住對手左臂，右手抓住對手右手，頭部向左側扭轉，以緩解頸部受到的壓迫（圖 3-428、圖 3-428 附圖）。

圖 3-428　　　　　　　　　圖 3-428 附圖

⑤右手把對手右臂從我頸部拉開，左手鬆開對手左手，準備配合右手把對手右臂撐開（圖 3-429、圖 3-429 附圖）。

圖 3-429　　　　　　　　　圖 3-429 附圖

⑥兩手抓住對手右手，把對手右臂向左上方撐開（圖
3-430、圖 3-430 附圖）。

圖 3-430　　　　　　　　圖 3-430 附圖

⑦兩手把對手右臂移動到我左側，並以左肩作為支
點，把對手右臂拉直，防止對手縮回右臂再次實施背後裸
絞（圖 3-431、圖 3-431 附圖）。

圖 3-431　　　　　　　　圖 3-431 附圖

圖 3-432

圖 3-432 附圖

⑧兩手繼續控制住對手右臂，兩腿撐地，上體用力向後靠（圖 3-432、圖 3-432 附圖）。

⑨右腳撐在地面，頭部向後仰，右手轉移到對手頭部後側（圖 3-433、圖 3-433 附圖）。

圖 3-433

圖 3-433 附圖

⑩右手擋在對手頭部後側作為支點，沿順時針方向轉動身體，使腹部和髖部朝向地面，解除對手腿部的纏抱動作（圖 3-434、圖 3-434 附圖）。

圖 3-434　　　　　　　　圖 3-434 附圖

⑪左臂從身體下方抽出來，並抱住對手（圖 3-435、圖 3-435 附圖）。完成這個步驟以後，就完成了背後纏抱的解脫，並且形成了壓制對手的姿勢。

圖 3-435　　　　　　　　圖 3-435 附圖

五、背後纏抱轉為騎乘姿勢的方法

　　雖然實施背後纏抱的時候，我們是處於優勢位置的，而且背後纏抱的控制效果也優於其他控制方式，但任何對手都不會因為被從身後抱住就放棄比賽，相反還會努力嘗試擺脫控制。

　　從防守的角度來看，纏抱防守的狀態優於被從身後抱住的狀態，所以對手往往會嘗試運用扭轉身體的方法來應對背後纏抱。在對手幾乎完成扭轉動作的情況下，如果我們一味地試圖重新恢復背後纏抱，那麼很可能錯過繼續控制對手的機會，所以更穩妥的策略是立即轉換為其他類型的優勢姿勢，比如騎乘姿勢。

　　①從背後纏抱的狀態開始，我坐在對手身後，用兩腿鉤住對手髖部，右手把對手右臂勒在其右肩位置，左手從對手左側腋下穿過，並抓住對手左手腕部（圖 3-436）。

圖 3-436

②為了擺脫我的控制，對手往左後側靠向地面，試圖以地面作為支撐扭轉身體實施纏抱防守（圖 3-437）。

圖 3-437

③對手背部接觸地面以後，我已經很難恢復背後纏抱，這時可以把身體從對手身下移動到對手右側，準備轉換為騎乘姿勢（圖 3-438、圖 3-438 附圖）。

圖 3-438

圖 3-438 附圖

④右腿橫跨過對手身體，右臂轉移到對手頭部左側
（圖 3-439、圖 3-439 附圖）。

圖 3-439　　　　　　　　　　圖 3-439 附圖

⑤用左肘和左膝作為支撐，使身體移動到對手上方，
同時用頭部擋住對手右臂（圖 3-440、圖 3-440 附圖）。
之所以用頭部擋住對手右臂，是為了在完成姿勢轉換以後
直接實施降服技術。

圖 3-440　　　　　　　　　　圖 3-440 附圖

⑥右臂從對手頭部下方穿過並勒緊，兩腳在對手腿部下方收攏，藉助體重壓制對手，形成貼身騎乘的姿勢（圖3-441、圖3-441附圖）。完成這個步驟以後，如果時機成熟，我們就可以直接實施肩固技術來降服對手。

圖 3-441

圖 3-441 附圖

附　錄

MMA 統一規則及其他重要規定

　　為了保證體育競賽的公平，任何體育比賽都會制定相應的規則，MMA 比賽也不例外。即便是最初的「終極格鬥冠軍賽」，雖然主辦方以「無規則、不計分、不計時」作為宣傳口號，但同時也規定參賽選手不允許攻擊襠部、不允許戳眼睛、不允許牙咬。

　　MMA 競賽規則的任務，就是確保不同武術流派、不同技術特長的選手之間公平競技，同時盡可能地保證參賽者的安全。雖然不同的主辦方都會制定各自的競賽規則，但是主體內容大多是相同的，因為各項 MMA 賽事的實質都是一致的。熟悉某項 MMA 賽事規則的選手，也能夠很快適應其他 MMA 賽事的規則。

　　目前得到廣泛認可的、具有較強代表性的 MMA 規則體系是「統一規則」。該規則對 MMA 比賽的各個方面都作出了較為詳細的規定，具有很強的可操作性。不少 MMA 賽事主辦方都直接採用該規則，或者僅對該規則進行少許適應性的調整。客觀上，「MMA 統一規則」已經成為 MMA 比賽的標準規則，因此在本章，筆者將《MMA 統一規則及其他重要規定》翻譯為中文，以便 MMA 愛好者對照和參考。

MMA 統一規則及其他規定

一、定義

「混合式格鬥（Mixed Martial Arts, MMA）」是指依照本「統一規則」及相關委員會頒佈的規則和規定，把包括擒拿、降服、踢打在內的各種格鬥技術結合在一起進行徒手格鬥的運動。

「徒手格鬥」是指任何允許實施傷害性打擊的徒手對抗比賽。

「徒手格鬥選手」是指任何參加徒手格鬥比賽的選手。

「委員會」是指對 MMA 比賽、表演等進行監督的運動委員會或者監管機構。

二、體重級別

除非經過委員會或其執行主管另行批准，MMA 比賽或者表演的級別和各級別的體重範圍應該劃分如下：

蠅量級：125 磅及以下（相當於 57 公斤以下）

雛量級：125 磅以上至 135 磅（相當於 57~61 公斤）

羽量級：135 磅以上至 145 磅（相當於 61~66 公斤）

輕量級：145 磅以上至 155 磅（相當於 66~70 公斤）

次中量級：155 磅以上至 170 磅（相當於 70~77 公斤）

中量級：170 磅以上至 185 磅（相當於 77~84 公斤）

次重量級：185 磅以上至 205 磅（相當於 84~93 公斤）

重量級：205 磅以上至 265 磅（相當於 93~120 公斤）

超重量級：265 磅以上（相當於 120 公斤以上）

對於非冠軍賽，允許有 1 磅（約 0.454 公斤）的體重差別。對於冠軍賽，參賽者體重不得超過相關級別允許的範圍。

委員會可以根據複查結果批准參賽者體重存在差異的比賽。例如，如果參賽一方體重為 264 磅（約 120 公斤），而對手體重為 2667 磅（約 121 公斤），儘管參賽雙方從技術上分屬不同體重級別，但如果委員會斷定比賽仍然可以公平、安全、有競爭性地進行，那麼仍然可以決定批准比賽。

三、擂台及設備要求

（一）MMA 比賽及表演可以在圍繩式擂台或者圍籠式擂台中舉行。

（二）舉行 MMA 比賽或者表演的圍繩式擂台必須符合以下要求：

1. 圍繩內側不得小於 20 英尺見方（約 37 平方公尺），也不得大於 32 英尺見方（約 95 平方公尺）。擂台的一角應該設置藍方休息區，其正對面的一角必須設置紅方休息區。

2. 擂台地板必須延伸出圍繩外至少 18 英寸（約 46 公分）。擂台地板必須用閉孔泡棉或者類似材料填充，填充厚度至少 1 英寸（約 2.54 公分）。填充材料必須延伸出圍

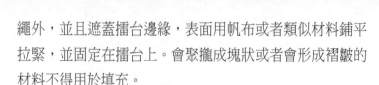

繩外，並且遮蓋擂台邊緣，表面用帆布或者類似材料鋪平拉緊，並固定在擂台上。會聚攏成塊狀或者會形成褶皺的材料不得用於填充。

3. 擂台不得高過地面 4 英尺（約 1.2 公尺），並且必須設置台階供徒手格鬥選手使用。

4. 擂台四周的角柱必須由金屬製成，直徑不得超過 3 英寸（約 7.6 公分），從地面延伸到超過擂台地板至少 58 英寸（約 1.47 公尺）的高度，並且必須以委員會認可的適當方式用襯墊適當包裹。擂台角柱必須與擂台繩角相距至少 18 英寸。

5. 擂台圍繩必須設置 5 條，每條直徑不得小於 1 英寸（約 2.54 公分），並且用柔軟材料包裹。位置最低的一條圍繩必須高過擂台地板至少 12 英寸（約 30.5 公分）。

6. 擂台地板的任何部分不得出現包括三角形物體在內的任何障礙物體或者物件。

（三）舉行混合式格鬥比賽或者表演的圍籠式擂台必須符合以下要求：

1. 擂台必須呈環形或者具備至少 6 個等邊，並且擂台寬度不得小於 20 英尺（約 6.1 公尺），也不得大於 32 英尺（約 9.75 公尺）。

2. 擂台地板必須用閉孔泡棉或者類似材料填充，填充厚度至少 1 英寸（約 2.54 公分），表面用帆布或者類似材料鋪平拉緊，並固定在擂台上。會聚攏成塊狀或者會形成褶皺的材料不得用於填充。

3. 擂台不得高過地面 4 英尺（約 1.2 公尺），並且必

須設置台階供徒手格鬥選手使用。

4. 擂台周圍角柱必須由金屬製成，直徑不得超過 6 英寸（約 15.2 公分），從地面延伸到超過擂台地板至少 58 英寸（約 1.47 公尺）的高度，並且必須以委員會認可的方式用襯墊適當包裹。

5. 擂台圍欄必須由表面塗有乙烯基塗層的菱形鋼絲網之類的材料製成，以防止徒手格鬥選手跌出擂台，或者衝破圍欄跌在地面或跌向觀眾。

6. 擂台的一切金屬部件必須以委員會認可的方式用襯墊遮蓋，以免對徒手格鬥選手造成擦傷。

7. 擂台必須設置兩個入口。

8. 包圍徒手格鬥選手比賽區域的圍欄不得在任何部分出現任何障礙物。

四、凳子

（一）每一名選手都可以使用經委員會認可的休息凳。

（二）選手的每一名助手都可以使用經委員會認可的、數量適當的凳子或者椅子。此類凳子或者椅子應該安放在擂台外側選手各自的休息角附近以備使用。

（三）所有使用過的凳子及椅子必須在比賽結束後徹底清潔或者更換。

五、用具配備

對於每一場比賽，主辦方都應該為參賽各方提供一個清潔的水桶、一個清潔的塑膠水瓶，以及委員會要求的其

他任何用具。

六、護手繃帶事項

（一）在所有體重級別中，選手每一隻手使用的繃帶都只能是長度不超過 15 碼（約 13.7 公尺）、寬度為 2 英寸（約 5 公分）的薄紗布料。繃帶纏好後用長度不超過 10 英尺（約 3 公尺）、寬度為 1 英寸（約 2.54 公分）的醫用膠帶進行固定。

（二）醫用膠帶應該直接固定在手腕上，以保護腕部。膠帶可以兩次橫過手背並覆蓋手指關節，從而在握拳時保護手指關節。

（三）繃帶應該平整地纏繞在手部。

（四）繃帶及膠帶應該在更衣室內纏繞在選手手上，纏繞繃帶時應該有委員會人員以及對手的經紀人或者主要助手在場。

（五）未得到委員會的批准，任何情況下都不得在選手手上佩戴拳套。

七、護齒

（一）在比賽過程中所有選手都必須佩戴護齒。所用護齒應該經現場醫師檢查和批准。

（二）選手護齒不佩戴妥當，比賽不得開始。

（三）比賽過程中選手護齒意外脫落，場上裁判應該在不影響選手當前動作的情況下及時暫停比賽，讓選手清潔護齒，並重新佩戴護齒。

八、護具

（一）男性混合式格鬥選手應該穿戴經委員會認可的護襠。

（二）女性混合式格鬥選手禁止穿戴護襠。

（三）在比賽過程中女性混合式格鬥選手應該穿戴護胸。所用護胸應該經委員會認可。

九、拳套

（一）所有選手都應該佩戴經委員會認可的重量至少4盎司（約113克）的拳套。通常情況下，未經委員會批准，拳套重量不應超過6盎司（約170克）。某些尺寸較大的拳套，例如2XL至4XL尺碼的拳套，儘管重量略微超過6盎司（約170克），但也允許使用。

（二）拳套應該由主辦方提供，並且經過委員會批准。選手不得使用自備拳套參賽。

十、服裝

（一）每一名選手都應該穿著混合式格鬥短褲（寬鬆短褲）、騎行短褲（緊身短褲）、搏擊短褲或者經委員會認可的其他短褲。

（二）徒手格鬥比賽過程中禁止穿著道服或者襯衫，但經委員會批准的女性選手必須穿著的上裝除外。

（三）比賽過程中禁止穿鞋，也禁止在腳上穿戴任何類型的襯墊。

十一、儀表

（一）每名選手的外表都必須乾淨而整潔。

（二）選手的臉上或者身體上不得過度使用潤滑劑或者其他任何外用物質。裁判員或者委員會應該要求選手擦除任何過度使用的潤滑劑或者其他外用物質。

（三）委員會應該判斷選手頭部或者面部的毛髮是否會對徒手格鬥選手自身或其對手的安全造成危害，以及是否會妨礙比賽或者表演的監督和進行。如果徒手格鬥選手頭部或者面部的毛髮會造成此類危害，或者會妨礙比賽或者表演的監督和進行，那麼除非會造成此類危害或者潛在妨礙的情形得到糾正，以滿足委員會的要求，否則該徒手格鬥選手不得參加比賽或者表演。

（四）在比賽或者表演過程中，徒手格鬥選手不得佩戴首飾或者其他尖銳物件。

十二、回合時限

（一）混合式格鬥的非冠軍爭奪賽每場定為 3 回合，每回合持續時間不超過 5 分鐘，回合之間休息 1 分鐘。

（二）混合式格鬥的冠軍爭奪賽每場定為 5 回合，每回合持續時間不超過 5 分鐘，回合之間休息 1 分鐘。

十三、比賽停止

（一）場上裁判員是比賽唯一的仲裁者，也是唯一被授權可以停止比賽的個人。場上裁判員可以就是否決定停

止比賽徵求場邊醫師和委員會的意見。

（二）除回合休息期間和比賽結束之後，場上裁判員和場邊醫師是唯一被授權可以在比賽過程中的任何時間進入擂台的個人。

十四、比分判定

（一）所有比賽都將由 3 名評判員進行評判和記分，3 名評判員應該分開在擂台周圍不同的位置對比賽進行評判。場上裁判員不得成為 3 名評判員之一。

（二）比賽的記分體系是 10 分制。在 10 分制記分體系下，某回合的勝者必須判定得 10 分，輸者必須判定得 9 分或者更低分數，但極少數判定為平局（10 比 10）的回合除外。

（三）評判員應該對諸如有效擊打、有效纏鬥、擂台主動性、有效的進攻和防守等混合式格鬥的技術表現進行評判。

（四）評判員應該按照以上第（三）項所列技術出現的順序，重點對有效擊打、有效纏鬥、擂台控制能力、有效的進攻和防守等進行記分。

（五）有效擊打的判定取決於選手實施合法擊打並命中目標的總數。

（六）有效纏鬥的判定依據是選手成功實施合法摔法和反制的數量。納入考慮範圍的因素包括選手是否成功運用摔法從站立姿勢轉為騎乘姿勢、是否能夠從對手的纏抱防守中解脫出來形成騎乘姿勢以及處於地面下位的選手是

否能夠採取有威脅性的積極防守措施。

（七）擂台主動性的判定取決於選手主導比賽的能力、在擂台中所處的位置和雙方的相對位置。納入考慮範圍的因素包括選手遭遇摔法時是否能夠繼續保持站立姿勢並合法地擊打對手、是否能夠運用摔法迫使對手進行地面對抗、是否能夠實施有威脅性的降服技術、是否能夠從對手的纏抱防守中解脫出來形成騎乘姿勢，以及是否能夠創造機會擊打對手。

（八）有效的進攻是指向前移動並實施合法擊打且命中目標。

（九）有效的防守是指成功地避開對手的擊打和摔法，以及實施還擊時成功地避免被對手反制。

（十）評判員應該依照以下評分標準對比賽回合作出客觀評判：

1. 如果雙方選手格鬥水準相當，並且雙方選手均未在某回合中表現出明顯優勢，則該回合判定為 10 比 10。

2. 如果一方選手在某回合中取得微弱優勢，實施有效地合法擊打命中目標的次數更多，纏鬥及其他技術的運用強於對手，則該回合判定為 10 比 9。

3. 如果一方選手在某回合中由擊打或者纏鬥取得壓倒性的優勢，則該回合判定為 10 比 8。

4. 如果一方選手在某回合中由擊打或者纏鬥取得全面的優勢，則該回合判定為 10 比 7。

（十一）評判員應該區分選手站立對抗和地面對抗的時長，並採用浮動比例進行評判，具體如下：

1. 如果混合式格鬥選手某回合的多數時間是處於地面對抗狀態，那麼：

（1）首先對有效的纏鬥進行評判；

（2）其次對有效的擊打進行評判。

2. 如果混合式格鬥選手某回合的多數時間是處於站立對抗狀態，那麼：

（1）首先對有效的擊打進行評判；

（2）其次對有效的纏鬥進行評判。

3. 如果某回合結束時選手站立對抗和地面對抗的時長大致均等，那麼則對擊打和纏鬥進行相同比例的評判。

十五、犯規行為

（一）下列行為在混合式格鬥比賽或者表演中構成犯規，如果選手出現犯規行為，場上裁判員可以對其作出處罰決定：

1. 用頭撞擊；

2. 任何摳挖對手眼部的行為；

3. 牙咬；

4. 朝對手吐痰；

5. 揪扯對手的頭髮；

6. 摳挖對手的口部；

7. 任何攻擊對手襠部的行為；

8. 用手指伸入對手身體的任何孔竅或者傷口或裂口；

9. 控制對手的小關節；

10. 用肘尖向下砸擊對手；

11. 攻擊對手的脊骨或者後腦；

12. 用腳跟踢擊對手的腎臟部位；

13. 任何攻擊對手喉部的行為，包括摳掐對手氣管等；

14. 抓撓、掐捏或者擰扭對手的皮肉；

15. 摳抓對手的鎖骨；

16. 踢擊已倒地對手的頭部；

17. 用膝部攻擊已倒地對手的頭部；

18. 踩踏已倒地的對手；

19. 抓握圍欄不放；

20. 拉扯對手的短褲或者拳套；

21. 在擂台中使用侮辱性語言；

22. 用違反體育道德的行為傷害對手；

23. 在回合休息期間攻擊對手；

24. 攻擊在場上裁判員照管下的對手；

25. 在回合結束鈴聲響後攻擊對手；

26. 各類膽怯行為，包括逃避與對手的接觸、故意讓護齒掉落或者假裝受傷等；

27. 故意將對手拋摔出擂台外；

28. 公然藐視裁判員的指令；

29. 把對手頭部或者頸部倒栽至地面；

30. 場邊助理人員的干擾行為；

31. 在毛髮或者身體上塗抹任何外用物質以獲取優勢。

（二）選手併發任意多項犯規行為之後，或者出現一次公然犯規行為之後，場上裁判員可以對其作出取消比賽

資格的決定。

（三）比賽出現犯規行為，記分員可以從犯規選手的比分中扣分。出現扣分情況之後，將由記分員而非評判員負責計算實際比分。

（四）只有場上裁判員可以對犯規行為進行裁定。如果場上裁判員未作出犯規判定，評判員不得自行作出裁定，並且不應將自行作出的裁定納入比分計算的考慮範圍。

（五）如果出現犯規行為：

1. 場上裁判員應該暫停比賽。

2. 場上裁判員應該命令犯規選手站到中立角。

3. 場上裁判員應該檢查遭受犯規一方攻擊的選手的健康和安全狀況。

4. 如果場上裁判員認為該行為確屬犯規，那麼應該隨即對犯規選手進行犯規裁定並扣分，並且將該犯規行為屬於故意還是無意，以及是否作出扣分處罰的決定通報委員會、雙方助理人員和記分員。

（六）如果處於地面下位的選手出現犯規行為，除非處於地面上位的選手因此受傷，否則比賽將繼續進行，並且：

1. 場上裁判員將口頭告知處於地面下位的選手其行為屬於犯規。

2. 該回合結束時，場上裁判員將對該犯規行為進行裁定，並通報委員會、雙方助理人員、評判員和記分員。

3. 場上裁判員可以基於嚴重的犯規行為終止比賽。對

於此類公然的犯規行為，實施該犯規行為的選手應該被取消比賽資格，從而被判定失敗。

（七）出現擊打腰部下方的犯規行為時：

1. 只要場邊醫生認為被擊中腰部下方的選手有可能繼續比賽，那麼該選手允許有最多 5 分鐘的恢復時間。

2. 如果該選手表示可以在 5 分鐘恢復時間屆滿之前繼續比賽，那麼場上裁判員應該儘快重啟比賽。

3. 如果該選手恢復時間超過 5 分鐘，而比賽仍然不能重啟，則該場比賽必須終止，比賽結果由比賽停止時的回合及時間來確定。具體見以下第十六項。

（八）選手遭受擊打腰部下方以外的犯規行為時：

1. 如果某場混合式格鬥比賽因為意外犯規行為而停止，場上裁判員應該判斷遭受犯規行為的徒手格鬥選手是否能夠繼續比賽。如果該徒手格鬥選手的獲勝機會尚未因遭受犯規行為而受到嚴重危害，並且犯規行為並未對遭受該犯規行為的徒手格鬥選手的頭部造成震盪性撞擊，那麼場上裁判員可以在不超過 5 分鐘的恢復時間之後命令比賽或者表演繼續進行。分開徒手格鬥選手雙方以後，場上裁判員應該立即通報委員會的代表人員該犯規行為屬於意外。

2. 如果場上裁判員認定一方選手遭受的犯規行為是由違規的擊打動作造成，那麼場上裁判員應該制止該擊打動作，並暫停比賽。場上裁判員可以讓場邊醫生對受傷的選手進行檢查，以確定該選手是否能夠繼續比賽。場邊醫生有最多 5 分鐘的時間作出判斷。如果場邊醫生斷定該選手

能夠繼續比賽，那麼場上裁判員應該儘快重啟比賽。與遭受擊打腰部下方的犯規行為不同的是，該選手沒有最多 5 分鐘的休息時間，並且接到場上裁判員的指令後就必須繼續比賽。

3. 對於擊打腰部下方以外的犯規行為，如果場上裁判員認定受傷的選手不適合繼續比賽，那麼場上裁判員必須立即令比賽停止。如果受傷的選手被裁判員認定不適合繼續比賽，那麼即使遭受犯規行為之後的恢復時間未滿 5 分鐘，該選手也不能利用剩餘時間嘗試恢復，並且比賽必須停止。

4. 如果場上裁判員令比賽停止並安排場邊醫生進行檢查，場邊醫生的檢查時間不應超過 5 分鐘。如果超過 5 分鐘，則比賽不得重啟，必須終止。

十六、合法擊打及犯規行為造成選手受傷時的判罰事項

（一）如果在比賽過程中一方選手使用合法技術造成對手受傷，且受傷程度嚴重到足以導致比賽終止，那麼受傷的選手應該因被技術性擊倒而判定失敗。

（二）如果場上裁判員認定在比賽過程中一方選手的故意犯規行為造成對手受傷，且受傷程度嚴重到足以導致比賽終止，那麼犯規的選手應該因此被取消比賽資格而判定失敗。

（三）如果場上裁判員認定在比賽過程中一方選手的故意犯規行為造成對手受傷，而比賽允許繼續進行，那麼

場上裁判員應該示意記分員自動從犯規選手的比分中扣除2分。

（四）如果場上裁判員認定在比賽過程中一方選手的故意犯規行為造成對手受傷，導致受傷的選手不能繼續比賽，那麼如果受傷的選手比分領先，該選手應該以技術性判定而獲勝。如果在比賽停止的時候受傷的選手比分與對手持平或者落後，那麼該場比賽的結果應該宣告為技術性平局。

（五）如果一方選手向其對手實施犯規行為的時候造成自己受傷，那麼場上裁判員不應該採取任何讓犯規選手獲益的行動，並且應該按照該選手受到合法擊打而受傷的情況進行處理。

（六）如果場上裁判員認定在比賽過程中一方選手的意外犯規行為造成對手受傷，且受傷程度嚴重到足以使場上裁判員令比賽立即停止，那麼如果比賽原定 3 回合但未滿 2 回合就停止，或者原定 5 回合但未滿 3 回合就停止，則比賽應該判定為無效。

（七）如果場上裁判員認定在比賽過程中一方選手的意外犯規行為造成對手受傷，且受傷程度嚴重到足以使場上裁判員令比賽立即停止，那麼如果原定 3 回合的比賽已經完成 2 回合，或者原定 5 回合的比賽已經完成 3 回合，則在比賽停止的時候比分領先的選手應該以技術性判定而獲勝。

（八）未完成的比賽回合應該按照與其他回合相同的標準進行記分，記分工作應該持續到未完成的回合停止的

時間點。

十七、比賽結果的類型

（一）認輸。

1. 用肢體做出輕拍動作表示認輸。

2. 口頭表示認輸。

（二）擊倒。

1. 裁判員令比賽停止（技術性擊倒）。

2. 一方選手使用合法技術造成對手受傷，且受傷程度嚴重到足以導致比賽終止（技術性擊倒）。

3. 一方選手由於受到拳法或者腿法打擊而失去意識（擊倒）。

（三）透過比分判定，包括：

1. 一致判定：3 名評判員全部判定同一名選手比分勝出。

2. 非一致性判定：2 名評判員判定某一名選手比分勝出，1 名評判員判定另一名選手比分勝出。

3. 多數判定：2 名評判員判定同一名選手比分勝出，1 名評判員判定比賽為平局。

4. 平局判定，包括：

（1）一致判定平局：3 名評判員全部判定比賽為平局。

（2）多數判定平局：2 名評判員判定比賽為平局。

（3）非一致性判定平局：3 名評判員的判定結果均不相同。

（四）取消比賽資格。

（五）棄權。

（六）技術性平局。

（七）技術性判定。

（八）比賽無效。

譯者注：

第十七項僅對比賽結果的類型進行描述，並非對如何判定比賽結果作出規定。

大展好書　好書大展
品嘗好書　冠群可期

大展好書　好書大展
品嘗好書　冠群可期